Bastian/Bastian · Das Braunkehlchen

Sammlung Vogelkunde im AULA-Verlag

Wissenschaftlicher Beirat Prof. Dr. Hans-Heiner Bergmann
Dr. Einhard Bezzel
Prof. Dr. Ellen Thaler

Bereits erschienen **Der Turmfalke**
Renate Kostrzewa/Achim Kostrzewa

Der Buchfink
Hans-Heiner Bergmann

Die Schleiereule
Thomas Brandt/Christian Seebaß

Der Waldrapp
Karin Pegoraro

Der Hausrotschwanz
Armin Landmann

Das Braunkehlchen
Anita und Hans-Valentin Bastian

Titel in Vorbereitung **Der Großbrachvogel**
Martin Boschert/Manfred Kipp/
Frank Oberbrodhage/Robert Tüllinghoff

Der Wasserpieper
Christiane Böhm

**Die Goldhähnchen
- Vogelzwerge im Nadelwald**
Ellen Thaler

Der Kiebitz
Gerhard Kooiker/Claudia Verena Buckow

Weitere Titel in Planung: Lachmöwe, Blaukehlchen, Rotkehlchen, Sperlinge, Brandente, Pirole, Kuckuck, Orpheus- und Gelbspötter, Wachtelkönig, Alkenvögel des Nordatlantik, Graugans u.a.

Die Reihe wird fortgesetzt

Anita und Hans-Valentin Bastian

Das
Mit 58 s/w- und 13 Farbabbildungen
Braunkehlchen

Opfer der ausgeräumten Kulturlandschaft

AULA-Verlag Wiesbaden

Anita und Dr. Hans-Valentin Bastian
Schulstr. 6
25578 Dägeling

Die Deutsche Bibliothek - CIP-Einheitsaufnahme

Bastian, Anita:
Das Braunkehlchen : Opfer der ausgeräumten Kulturlandschaft /
Anita und Hans-Valentin Bastian. - Wiesbaden : AULA-Verl., 1996
    (Sammlung Vogelkunde im AULA-Verlag)
    ISBN 3-89104-554-9
NE: Bastian, Hans Valentin

© 1996, AULA-Verlag GmbH, Verlag für Wissenschaft und Forschung, Wiesbaden

Fotos: A. und H.-V. Bastian, A. van den Berg, W. George, E. Hoyer, A. Labhardt
Zeichungen: Franz Müller
Umschlag: Klaus Neumann, Umschlagsfoto: E. Hoyer
Satz: Claudia Huber
Druck und Verarbeitung: Druckhaus Thomas Müntzer, Bad Langensalza
Printed in Germany/Imprimé en Allemagne

ISBN 3-89104-554-9

Inhalt

Für Jessica und Sascha

„Indem die zivilisierte Menschheit die lebende Natur, die sie umgibt und erhält, in blinder und vandalischer Weise verwüstet, bedroht sie sich mit ökologischem Ruin. Wenn sie diesen erst einmal ökonomisch zu fühlen bekommt, wird sie ihre Fehler vielleicht erkennen, aber sehr wahrscheinlich wird es dann zu spät sein."

(K. Lorenz, 1973)

Vorwort

Vor 2.000 bis 3.000 Jahren wurden Menschen in Europa seßhaft und begannen, für ihre Ernährung eßbare Wildpflanzen zu kultivieren. Anfangs nur lokal, entstanden ab dem 15. Jahrhundert dann vermehrt aus großflächig geschlossenen Wäldern offene und kleinflächig reich strukturierte Kulturflächen. Dies zog einen grundsätzlichen Strukturwandel der mitteleuropäischen Landschaft nach sich, in dessen Folge Pflanzen- und Tierarten aus natürlichen Steppenhabitaten neu einwanderten und bei uns heimisch wurden. Steinschmätzer, Pieper, Lerchen, Trappen und andere Vogelarten der offenen Landschaft – nicht zuletzt auch Braunkehlchen – fanden nun erst optimale Lebensräume vor und wurden zum Teil zu häufigen Kulturfolgern.

Der Lebensraum der Braunkehlchen war früher, mehr noch als heute, im wesentlichen deckungsgleich mit dem der Landbevölkerung. Die Vögel sollten demzufolge einer breiten Öffentlichkeit bekannt, bei Landwirten geradezu populär sein, doch tatsächlich war und ist das Braunkehlchen nur wenigen Menschen bekannt. Wenn beispielsweise ANNETTE VON DROSTE-HÜLSHOFF (1797-1848) in ihren romantischen Erzählungen ihre ornithologischen Kenntnisse unter Beweis stellt und Kiebitze, Lerchen, Nachtigallen und Krähen als typische Vögel ihrer westfälischen Heimat beschreibt, so hat sie dort mit Sicherheit auch auf Braunkehlchen stoßen können. Doch nirgends sind sie in ihren Büchern erwähnt, genauso wie sie in den Schriften anderer bedeutender Naturforscher des 16.-18. Jahrhunderts fehlen. Gelegentlich wurde zwar von „Staudenvögeln" geschrieben, doch selten zwischen Braunkehlchen, Schwarzkehlchen und Steinschmätzer unterschieden. Weder PERNAU noch GESSNER schienen mit der Art vertraut gewesen zu sein und selbst LINNÉ kannte sie offensichtlich wenig, da auch seine Notizen zu der Art ausgesprochen vage sind.

Erst ab dem 19. Jahrhundert nehmen Beschreibungen von Braunkehlchen zu, von denen insbesondere die von JOHANN FRIEDRICH NAUMANN (1780-1857) durch Genauigkeit besticht. Über viele Seiten stellt er Aussehen, Jahresrhythmus, Verbreitung, Stimme und Lebensraum dar. Sogar die Bildung von Depotfett findet Erwähnung, wenngleich aus einem Beweggrund, der nichts mit einer physiologischen Zugvorbereitung zu tun hat. Er schreibt: „Sie sind im Herbst meistens sehr fett, und ihr Fleisch gibt dann ein vortreffliches Gericht".

Der oben erwähnte Strukturwandel der europäischen Landschaft vollzieht sich seit etwa 50 Jahren in einer völlig neuen, geradezu lebensfeindlichen Dimension. Ehemals überaus artenreiche und vielgestaltige Kulturlandschaften entwickeln sich unter dem Zwang ständiger Produktionssteigerungen immer mehr in artenarme, ausgelaugte, vergiftete und überdüngte Agrarsteppen, deren ökologische Bedeutung heute vielfach kaum die von Straßentrassen übertrifft. Braunkehlchen und andere Wiesenbewohner, die ehemals nach Waldrodung und Landkultivierung den Menschen nach Mitteleuropa folgten, verschwinden mehr und mehr aus den nun vielfach verödeten Wiesenlebensräumen.

Seit wir erstmals in den 80er Jahre eine Braunkehlchenpopulation untersuchten, wuchs unser Bedürfnis, die Beziehungen dieses attraktiven, bei uns aber selten gewordenen Wiesenbrüters mit seiner Umwelt zu erfassen. Denn wir waren sicher, die Ursachen für den Bestandsrückgang nur dann eingrenzen zu können, wenn wir diese Zusammenhänge besser verstehen. Neben den eigenen Untersuchungen zu Habitatwahl, Nahrungsökologie, Bioakustik und Bestandsdynamik, deren Ergebnisse hier zum Teil erstmals publiziert werden, lieferten in den letzten zehn Jahren namentlich FEULNER, LABHARDT, MÜLLER, OPPERMANN sowie REBSTOCK und MAULBETSCH viele neue und wertvolle Erkenntnisse. Da die Wiesenschmätzer-Monographie von FRANKEVOORT und HUBATSCH (1966) sich hauptsächlich mit dem Schwarzkehlchen befaßt, zu dem nur vergleichend einige Aspekte zur Biologie des Braunkehlchens erwähnt werden, ist dieses Buch die erste umfassende über Braunkehlchen überhaupt.

Die „Sammlung Vogelkunde" hat grundsätzlich das Ziel, die Biologie von Vögeln mit deren Ökologie und Ethologie zu verknüpfen. Mit dem vorliegenden Band hoffen wir, dem Grundsatz der Reihe folgend, einen Beitrag leisten zu können, Braunkehlchen und andere Organismen der Wiesenbiozönose ein Stück besser zu verstehen, um damit Grundlagen für effiziente Schutzkonzepte zu liefern.

Danksagung: Frau E. THALER, Frau I. MEISSL und Herr E. BEZZEL gaben wertvolle Hinweise zur Gestaltung des Manuskriptes. Einen Großteil unserer eigenen Untersuchungen in der Oberpfalz wurde erst durch die finanzielle Förderung durch den Forschungsfond der DEUTSCHEN-ORNITHOLOGEN GESELLSCHAFT möglich, im Gelände geholfen hat uns A. BERNT. Mitarbeiter der Vogelwarte Radolfzell ermöglichten uns die Nutzung der Bibliothek. Allen sei für diese Unterstützungen herzlich gedankt. Eine Vielzahl in- und ausländischer Kollegen haben uns ihre Beobachtungen zur Verfügung gestellt. Auch ihnen sei an dieser Stelle nochmals gedankt; ihre Erkenntnisse haben wir im Text vielfach eingearbeitet und sie dort als persönliche Mitteilung kenntlich gemacht.

1 Das Braunkehlchen – eine Vogelart stellt sich vor

1.1 Ein Wiesenclown mit Maske und Spiegel

Braunkehlchen sind knapp sperlingsgroß. Bei Schwankungen innerhalb eines Tages von etwa 7,5 % wiegen sie durchschnittlich 17 g. Ihr Gewichtsmaximum liegt am späten Nachmittag. Männchen sind um 0,5 g insgesamt signifikant schwerer als Weibchen (LABHARDT 1984).

Das vielfältige Punkt- und Strichmuster des Federkleides läßt Braunkehlchen optisch leicht mit der Umgebung verschwimmen, vor allem, wenn sie in typischer Schmätzerart ruhig in Vegetationshöhe auf einer Warte sitzen. Diese Gefiederfärbung ist eine Anpassung an den wenig Deckung bietenden Lebensraum. Wie auch einige andere somatolytisch gefärbte Vögel (Wiedehopf *Upupa epops*, Triel *Burhinus oedicnemus*, Zwergtrappe *Tetrax tetrax*) sind Braunkehlchen aus der Nähe betrachtet jedoch keineswegs unscheinbar. So fällt vor allem beim Männchen die geradezu clownhafte Zeichnung der Kopfmaske auf (Abb. 1.1), die durch einen von der Schnabelwurzel bis zum Hinterkopf reichenden Überaugstreif und eine ebenso auffallende helle Kehl- und Halsfärbung dominiert wird.

Der Überaugstreif hebt sich deutlich von der fein längst gestrichelten braun-schwarzen Kopfplatte und den Ohrdecken ab und ist im Brutkleid rein weiß, sonst eher cremefarben. Er ist zudem das beste Merkmal, Braunkehlchen sehr sicher von Schwarzkehlchen (*Saxicola torquata*) zu unterscheiden. Ein weiterer weißer Federstreif betont die namensgebende orange- bis rotbraune Kehl- und Brustfärbung, auf die nicht nur der deutsche und wissenschaftliche Artname Bezug nimmt (*rubetra* von lat.: ruber = rot), sondern auch viele alte, zum Teil nur lokale Bezeichnungen wie „braunkehliger Wiesenschmätzer", „braunkehliger Steinsänger", „braunkehlige Grasmücke", „Rötling", „Braunellert" oder „brauner Fliegenvogel".

Alle Farb- und Zeichnungselemente sind jedoch äußerst variabel, so daß blasse Männchen sich oft nur wenig von kräftig gefärbten Weibchen unterscheiden. Ein sicheres Merkmal bilden dann die Ohrdecken, die wie der seitliche Nacken bei Männchen schwarz oder mit schwarzen Anteilen kräf-

Abb. 1.1: Braunkehlchen-Männchen fallen durch ihre markante Gefiederfärbung auf. Foto E. HOYER.

tig durchsetzt sind. Bei Weibchen sind sie hellbraun. Weibchen sind grundsätzlich viel weniger kontrastreich gefärbt. Das Weiß der Männchen ist bei ihnen cremefarben, die rotbraune Kehlfärbung ist orangebraun und auch die übrigen Farben sind blasser. Zudem tragen alle Deckfedern einen breiten hellen Saum, der die Gefiederfärbungen noch blasser wirken läßt. Auch die Deckfedern einjähriger Vögel besitzen diesen Federsaum, der bei ihnen sogar noch stärker ausgeprägt ist, so daß im Extremfall der Schwarzanteil einzelner Federn bis auf einen Schaftstrich beschränkt ist. Ansonsten sind Weibchen und Braunkehlchen im Jugendkleid sehr ähnlich gefärbt.

Der Schwanz ist braunschwarz mit einer typischen Weißfärbung der äußeren Federbasen. Beine sowie Iris sind bei erwachsenen Tieren blauschwarz, Rücken- und Flügeldecken sowie der Bürzel tief dunkel- bis rostbraun mit schwarzer Längstfleckung, der Bauch ist weißlich.

Die Flügel tragen weiße Spiegel, deren Größe überaus variabel ist. Insbesondere ältere Männchen haben stark ausgeprägte Felder, deren Bedeutung als Altersmerkmal jedoch umstritten ist (SCHMIDT & HANTGE 1954, SUTER 1988). Neben dem aus Deckfedern der innersten Handschwingen gebildeten inneren Flügelspiegel befindet sich ein weiterer, zweigeteilter auf den

Steckbrief „Braunkehlchen"

Name	Braunkehlchen (*Saxicola rubetra*)
Erstbeschreibung	1758 von CARL VON LINNÉ
Kennzeichen	knapp sperlingsgroß; deutliche weiß- oder rahmfarbene Überaugstreifen; weiße Schwanzbasis, ein- bis zweifacher Flügelspiegel, Männchen im Brutkleid mit orangebrauner Brust- und Kehlfärbung; Weibchen und Jungtiere hellbraun
Gewicht	16-18 g; auf dem Zug bis 26 g
Stimme	kurze melodische bis rauhe Gesangsstrophen; häufig Nachahmungen; Rufe einzeln oder wenige Male (2-4 mal) wiederholt kurz schmätzend wie „tk tk" oder „zk zk", "trrt" oder gimpelartig „dü"
Lebensraum	weite, meist feuchtere Wiesen und Weiden, die nicht oder wenig bewirtschaftet sind; Heiden, Moore, Brachland, im Gebirge auch Almwiesen; gelegentlich große, sehr junge Aufforstungen
Brutverbreitung	West-Paläarktis
Wanderungen	Trans-Sahara-Zieher
Winterverbreitung	südlich Sahara, von der Westküste bis Tansania, im Osten bis zum nördlichen Südafrika
Nahrung	Insekten, Spinnen, auf dem Zug auch Beeren
Paarungssystem	grundsätzlich monogam
Brutbiologie	im 1. Jahr geschlechtsreif; Nest am Boden, in Bodenmulden oder Grabenböschungen („Bodenhalbhöhlenbrüter")
Gelege	(4)5-7 hellblaue Eier
Brutdauer	12-14 d
Nestlingszeit	13-14 d; flugfähig nach 17 d
Zweitbruten	regelmäßig aber selten; früher ev. häufiger
Familienverbände	bis zum Alter von etwa 1 Monat
Mauser	adult: postnuptielle Voll- und pränuptielle Teilmauser juvenil: post- und pränuptielle Teilmauser

großen Handdecken der Außenfedern und Außenfahnen der basalen Handschwingen (äußerer Flügelspiegel). Der äußere Flügelspiegel der bis zu **einjährigen** Männchen setzt sich neben Teilen der Handschwingen nur aus den basalen Hälften der 6.-9. (meist 7.-9.) großen Handdecke zusammen, bei **älteren** Vögeln sind alle großen Handdecken mit einbezogen. Zudem gehen bei ihnen beide Teile des äußeren Flügelspiegels meist ineinander über. Das Ausmaß der Färbung auf den einzelnen Federn ist aber auch bei älteren Männchen sehr variabel. Es können ganze Deckfedern weiß sein oder nur Teile davon, doch fehlt sie nur selten auf einigen Federn ganz. Eine Altersbestimmung an Hand des äußeren Flügelspiegels ist unserer Meinung nach möglich, aber nur unter optimalen Bedingungen, beziehungsweise dann, wenn Vögel zur Untersuchung gefangen werden.

Bei Weibchen sind die Flügelfelder erheblich kleiner. Es sind nie ganze Federn weiß, sondern höchstens der Federschaft sowie ein mehr oder weniger breiter Saum. Eine Unterscheidung des Alters an Hand der Größe der weißen Flügelfelder ist bei ihnen nicht möglich.

1.2 Die akustische Seite des Vogels

1.2.1 Ein Gesangsvirtuose aus kompetenter Familie

„... ich aber sehe ihm lange und sinnend nach, denn eine solche Kehlhaftigkeit hatte ich nie bei einem Vogel, ..., beobachtet." Eine Vogelart vorzustellen, ohne ein Bild seines Gesanges zu entwerfen, wäre so, als ob man von einem Künstler spricht, ohne seine Werke zu kennen. Daß Braunkehlchen zu den besonders begabten Sängern zählen, hat HOMEYER (1865) oben ausdrucksvoll wiedergegeben.

Der Gesang des Braunkehlchens (Abb. 1.2) ist sehr abwechslungsreich und mit einem für *Turdidae* typischen, sehr großen Strophenrepertoire. Dennoch ist er, anders als bei den komplexen Gesängen anderer *Turdidae* (z. B.: Amsel *Turdus merula*, Nachtigall *Luscinia megarhynchos*, Sprosser *L. luscinia*) einfach strukturiert, mit kurzen 0,5-3 Sekunden dauernden Strophen (1,33 ± 0,53 s; N = 116) und Pausen, deren Länge zwischen etwa einer Sekunde und mehreren Minuten variieren. Das Frequenzspektrum umfaßt einen Bereich von 2,44 ± 0,21 bis 7,17 ± 0,32 kHz (N = 116 Strophen) und deckt damit ein breiteres Frequenzband ab, als es für Schwarzkehlchen bekannt ist (SCHWAGER & GÜTTINGER 1984). Zudem sind „tremolierende Geräusche wie Schnurren, Knarren, Rascheln, Würgen, Zischeln bis

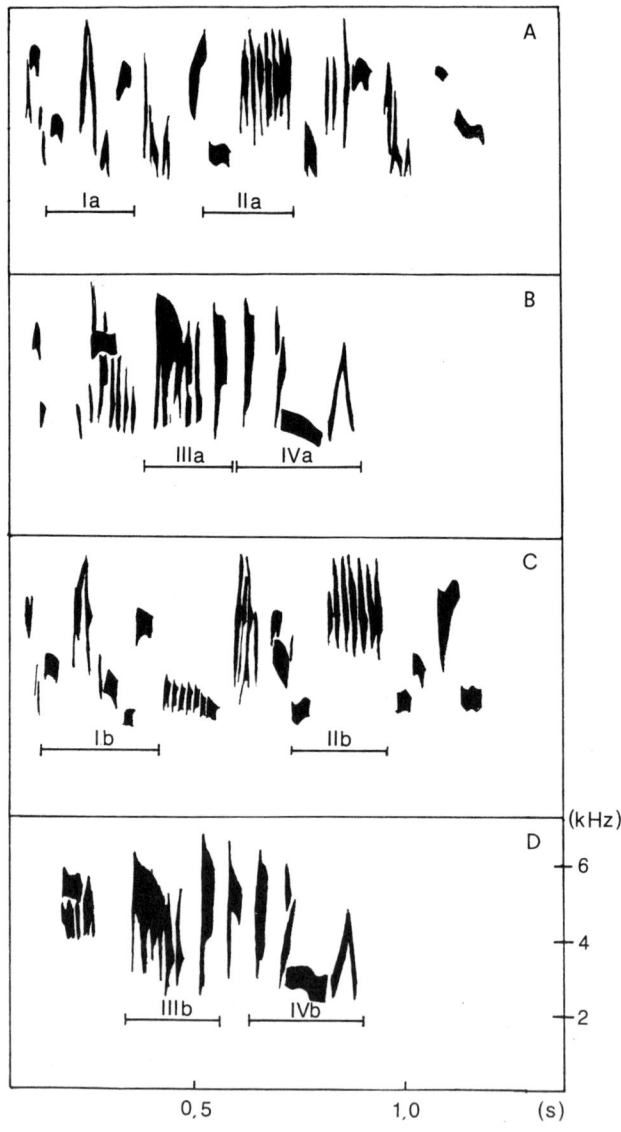

Abb. 1.2: Klangspektrogramme von vier nacheinander gesungenen Strophen. Mit römischen Ziffern (I, ..., IV) sind Elementfolgen gekennzeichnet, die in der jeweils übernächsten Strophe genau (II, III, IV) oder mit nur geringen Abweichungen (I) wiederholt werden (a, b).

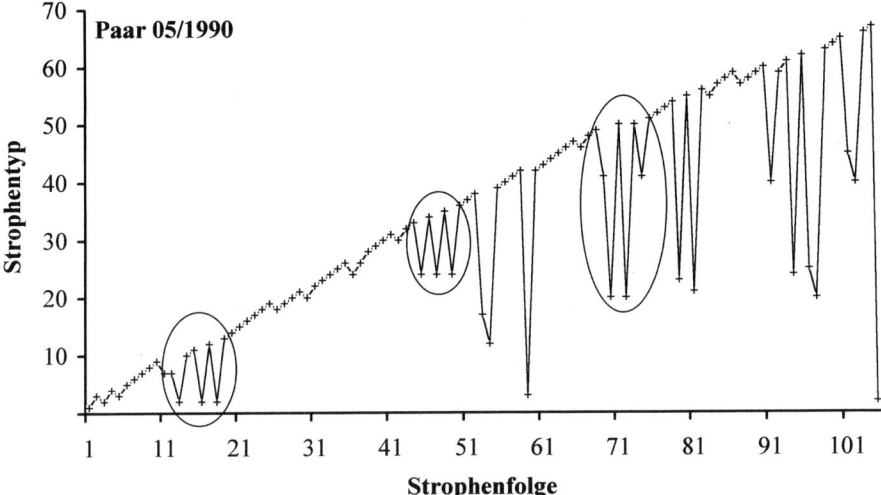

Abb. 1.3: Strophenfolge eines typischen, 105 Strophen langen Braunkehlchen-gesanges. Im ersten Gesangsdrittel werden Strophen seltener, zum Ende hin vermehrt wiederholt. Aber auch dann kommen neue Strophentypen ständig hinzu. Umrandet sind Gesangsphasen, in der eine oder zwei Strophentypen mehrfach gesungen wurden.

zu tief klingenden hölzernen Tönen und gepreßten Lauten" charakteristisch (STADLER 1952). Diese atonalen Elemente fehlen in keiner vollständigen Braunkehlchen-Strophe.

Der Gesang ist modular strukturiert, wobei bestimmte Strophenanteile mit anderen Elementen stets zu neuen Strophen zusammengesetzt wer-den, so daß selbst nach langen Gesangsperioden noch nicht gesungene Strophen auftreten. Dieselbe Strophe wird nur selten zweimal hintereinan-der gesungen (Abb. 1.3). Artfremde Gesangselemente werden mit einge-flochten, wobei vorzugsweise Gesänge benachbarter Vögel nachgeahmt werden. Diese Elemente verschwinden aus dem Repertoire der Braun-kehlchen dann wieder, wenn auch die akustischen Vorbilder nicht mehr an-wesend sind (LÖHRL 1987, SCHMIDT & HANTGE 1954). Imitationen von rein tonalen Strophen werden häufig durch geräuschhafte, braunkehlchentypische Gesangselemente erweitert (BEZZEL & LECHNER 1980). Listen imitierter Vogel-arten wurden mehrfach veröffentlicht (z. B. HORSTKOTTE 1962, LUNAU 1936, STADLER 1952, THALMANN 1981), wobei neben Vögeln auch Amphibien und Heuschrecken als imitierte Stimmen aufgeführt sind.

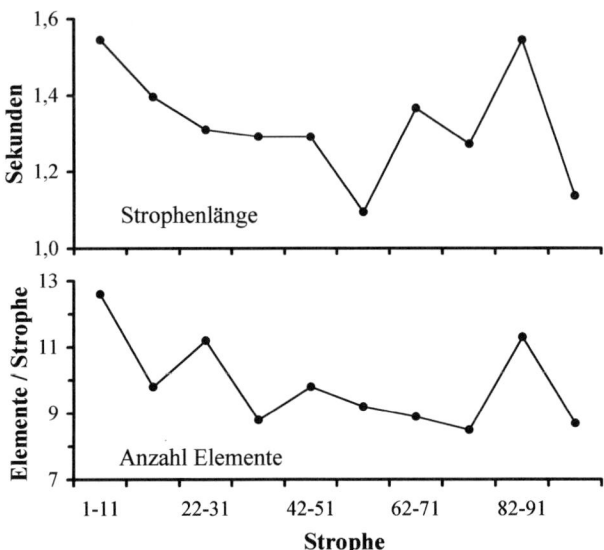

Abb. 1.4: Im Verlauf eines 105 Strophen langen Braunkehlchengesanges (Paar 05/1990) ging die Strophenlänge anfangs kontinuierlich zurück (oben). Die Anzahl der Elemente je Strophe reduzierte sich entsprechend (unten). Mit steigender Wiederholungsrate einzelner Strophentypen (etwa ab Strophe 50; Abb. 1.2) nahm zunächst die Strophenlänge, später auch die Elementzahl wieder zu. Dargestellt sind Mittelwerte von jeweils 10 nacheinander folgenden Strophen.

Während eines Reviergesanges werden die Strophenpausen stetig kürzer und konstanter, so daß der Gesang schließlich fast metronomhaft und rhythmisch wirkt. Dabei verringert sich die Strophenlänge von im Mittel 1,55 auf etwa 1,25 Sekunden, womit auch eine Reduktion der Elementzahl je Strophe von durchschnittlich 13 auf unter zehn verbunden ist (Abb. 1.4). Bestimmte Strophen werden jetzt innerhalb eines kurzen Gesangsabschnittes häufiger wiederholt oder durch Weglassen bzw. Hinzufügen weniger Elemente minimal variiert (Abb. 1.2, Abb. 1.3). Die Folge ist, daß der Gesangsaufbau an Komplexität verliert. Störungen oder ein Wechsel der Singwarte unterbrechen diese leicht monotone, rhythmische Gesangsphase des Braunkehlchens regelmäßig. SUTER's (1988) Aussage, daß „jedes Männchen über eine nicht sonderlich große Anzahl verschiedenartiger, fest zusammengebauter Strophentypen" verfügt, ist so nicht zutreffend. Die Zahl der Elementtypen nimmt vielmehr mit der Anzahl gesungener Strophen linear zu (SCHWAGER & GÜTTINGER 1984).

Braunkehlchen sind in der Lage, jede beliebige Braunkehlchen-Strophe als arteigen zu erkennen (SCHWAGER & GÜTTINGER 1984). Bei der enorm großen Strophen- und Elementvariabilität ist es aber unwahrscheinlich, daß diese akustische Arterkennung nach den Einzellauten erfolgt. Es müssen andere, generelle Gesetzmäßigkeiten verantwortlich sein, möglicherweise, wie beim Rotkehlchen (*Erithacus rubecula*), die übergeordnete Regel der Anordnung einzelner Elemente zueinander, und ein damit verbundener artspezifischer Tonfrequenzwechsel. Da es dabei nicht auf die Gesangselemente an sich ankommt, wäre es für Braunkehlchen in der Tat unerheblich, ob die Gesangselemente arteigen sind, oder ob es sich um Nachahmungen handelt.

Neben dem Reviergesang, der in erster Linie zur akustischen Abgrenzung des Territoriums dient und über Distanzen von mehr als 500 m zu hören ist, verfügen Braunkehlchen über einen Gesangstyp, der nur im direkten Paarkontakt geäußert wird. Dieser Werbegesang wird nur in der kurzen Phase der Paarbindung eingesetzt, so daß er aus diesem Grunde nur selten gehört wird. Männchen und Weibchen sitzen dabei meist eng beieinander und wenig exponiert. Die Intensität des Werbegesanges ist sehr gering und nur bis maximal 20 Metern zu hören. Er besteht nicht, wie der Reviergesang, aus kurzen, prägnanten Strophen, sondern aus einem schnellen, länger dauerndem Plappern, das entfernt an einen sehr leisen Gartengrasmückengesang erinnert.

Herbstgesänge, wie sie bei anderen *Turdidae* vorkommen, sind bei Braunkehlchen unbekannt, und auch im Winter sind sie bis auf wenige Ausnahmen still (ALMOND 1956).

1.2.2 Warum Braunkehlchen auch „Schmätzer" heißen

Braunkehlchen warnen in Nestnähe mit einem Ruf, der dem Gimpel-"dü" sehr ähnlich ist. Er wird nur ausnahmsweise alleine vorgetragen, sondern meist in Verbindung mit einem Zeckern, das bei allen *Saxicola*- und *Oenanthe*-Arten mit geringen Variationen vorkommt. Der „tk"-Ruf des Braunkehlchens (Abb. 1.5) erscheint lautmalerisch nicht nur im deutschen „Schmätzer", sondern auch im englischen „chat", französischen „Traquet" oder „Trac-trac", portugiesischen „Cartaxo", wallonischen „chick-chack" oder russischen „Tschekantschik". Menschen, die bei der Mahd oder Ernte Gelegen zu Nahe kommen, werden am ehesten durch „tk"-Rufe auf Braunkehlchen oder andere Schmätzer aufmerksam. Diese Warnlaute werden vermehrt geäußert, wenn Jungvögel im Nest sind, was die Bekanntheit der Rufe begreiflich macht.

Neben dem „tk"-Ruf ist gelegentlich ein weiterer Warnruf zu hören, der mit „trrrt" umschrieben werden kann (Abb. 1.5). Während „dü"- und „tk"-

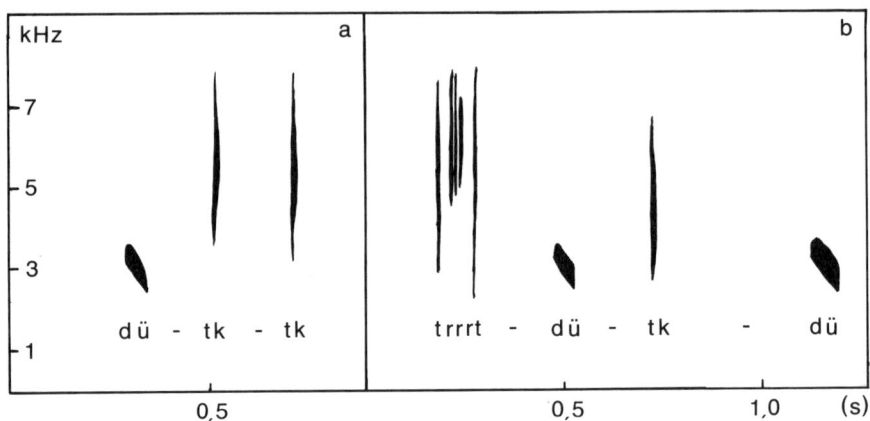

Abb. 1.5: Klangspektrogramme zweier Braunkehlchen-Rufe. Unter „b" eine für Braunkehlchen sehr komplexe, aus „trrt"-, „dü"- und „tk"-Elementen zusammengesetzte Ruffolge.

Rufe dann geäußert werden, wenn die Ursache der Störung erkannt ist (Feinde, fremde Männchen, u. a), scheint es uns so zu sein, daß der „trrrt"-Ruf eher bei einer für das Tier nicht konkret faßbaren Beunruhigung eingesetzt wird.

1.3 Über die nähere und weitere Verwandtschaft

Verwandtschaftsbeziehungen innerhalb der Vögel werden seit einigen Jahren mit Hilfe der Analyse des genetischen Codes erforscht (SIBLEY & AHLQUIST 1990). DNA-Hybridisationsversuche bestätigten dabei die Stellung des Braunkehlchens, wie sie HARTERT (1910) bereits nach morphologischen Studien ableitete.
     Die Gattung *Saxicola* gehört mit Steinschmätzern (*Oenanthe*), Erdsängern (*Luscinia, Erithacus,* u. a.), Drosseln (*Turdus,* u. a.), Merlen (*Monticola*), Rotschwänzen (*Phoenicurus*) und Fliegenschnäppern (*Muscicapa, Ficedula*) zur Familie der Drosselartigen (*Turdidae*). Nur der Grauschnäpper (*Muscicapa striata*) soll nach neuesten DNA-Untersuchungen nicht in diese Familie gehören (WITTMANN & WINK 1994). Andere Systematiker stellen Wiesenschmätzer und Steinschmätzer innerhalb der *Turdidae* in eine eigene Unterfamilie *Saxicolinae* bzw. *Erithacinae* oder mit den Fliegenschnäppern in eine

Tab. 1.1: Systematische Stellung des Braunkehlchens innerhalb der paläarktischen *Turdidae*. Bei Fliegenschnäppern der Gattung *Muscicapa* besteht die Möglichkeit, daß sie nicht zu den *Turdidae* gehören. Für alle *Saxicola*-Arten ist die Verbreitung grob angegeben.

TURDIDAE

- *Turdus* (Drosseln)
- *Zoothera* (Erddrosseln)
- *Monticola* (Merlen)
- *Cercotrichas* (Heckensänger)
- *Erithacus* (Rotkehlchen)
- *Luscinia* (Nachtigall, Blaukehlchen, u.a.)
- *Irania* (Weißkehlsänger)
- *Tarsiger* (Blauschwänze)
- *Phoenicurus* (Rotschwänze)
- *Saxicola* (Wiesenschmätzer)   → · *S. rubetra* (Braunkehlchen)
- *Oenanthe* (Steinschmätzer)   Europa, SW-Asien
- *Cercomela* (Schwarzschwanz)   · *S. macrorhyncha* (Wüstenbraunkehlchen)
- *Ficedula* (Fliegenschnäpper)   NW-Indien
- [*Muscicapa* (Fliegenschnäpper)]   · *S. insignis* (Mattenschmätzer)
                                                                   Mongolei, Kasachstan
                                                           · *S. dacotiae* (Kanaren-Schmätzer)
                                                                   Kanarische Inseln
                                                           · *S. torquata* (Schwarzkehlchen)
                                                                   Eurasien, Afrika
                                                           · *S. tectes* (Reunion-Schmätzer)
                                                                   Reunion
                                                           · *S. leucura* (Weißschwanz-Schwarzkehlchen)
                                                                   N-Indien, S-Nepal
                                                           · *S. caprata* (Mohrenschmätzer)
                                                                   O-Iran, Indien, Indochina,
                                                                   Philippinen, Neuguinea
                                                           · S. jerdonii (Jerdonschmätzer)
                                                                   N-Indochina, Burma, Bangladesch
                                                           · *S. ferrea* (Grauschmätzer)
                                                                   Himalaja
                                                           · *S. gutturalis* (Timor-Schmätzer)
                                                                   Timor, Semau
                                                           · *S. bifasciatus*
                                                                   Südafrika

---

eigene Familie *Muscicapidae*. Wegen vielfältigen Ähnlichkeiten erscheint uns eine Vereinigung aller Gattungen (*Muscicapa?*) zu einer Familie jedoch gerechtfertigt (Tab. 1.1).

Turdidae sind kleine bis mittelgroße und – als Anpassung an ihr vorherrschendes Leben am Boden – verhältnismäßig langbeinige Vögel. Typische Kennzeichen dieser etwa 300 Arten umfassenden Familie ist das gefleckte Jugendgefieder, ein ausgeprägter Sexualdimorphismus sowie sehr komplexe Gesänge; einige Arten zählen zu den besten Sängern überhaupt (siehe Kap. 1.2.1). Sie sind Insektenfresser und damit spitzschnäbelig, wobei viele Arten vor allem während des Zuges fakultativ auf Beerennahrung ausweichen. Von allen Gattungen sind die Steinschmätzer am engsten mit Wiesenschmätzern verwandt. Neben morphologischen und genetischen Übereinstimmungen sind diese beiden Gattungen auf offene Gebiete angewiesen, wo sie direkt am Boden leben und brüten. Damit grenzen sie sich deutlich ab von den übrigen in Europa brütenden *Turdidae*, die für Habitate mit dichtem Bewuchs typisch sind (Wälder: *Turdus*, *Ficedula*, Waldränder, Hekken: *Luscinia*, *Erithacus*, *Phoenicurus*).

Die Gattung *Saxicola* kommt nur in der alten Welt vor, mit einem Ausbreitungszentrum in der indo-malaiischen Region (Abb. 1.6, Tab. 1.1). Alle Arten haben sich auf offene Grasbiotope spezialisiert, darunter sind einige auf höhere Gebirgszonen beschränkt (*S. insignis, S. ferrea*). Acht Arten gehören dem asiatischen Faunenkreis an, drei mit teilweise sehr kleinem Verbreitungsareal dem afrikanischen und nur zwei dem europäischen. Von den drei afrikanischen *Saxicola*-Arten sind zwei auf Inseln beschränkt, von den asiatischen eine (Kanarische Inseln: *S. dacotiae*, Reunion: *S. tectes*; Timor: *S. gutturalis*). Die weiteste Verbreitung hat das Schwarzkehlchen (*S. torquata*), das von Südafrika über Europa bis nach Ost-Sibirien vorkommt. In den tropischen und subtropischen Niederungen Süd- und Südostasiens wird es vom Mohrenschwarzkehlchen (*S. caprata*) ersetzt. Beide bilden zusammen mit dem Braunkehlchen einen die gesamte Alte Welt umfassenden Artenkreis. Dem gegenüber sind die übrigen neun *Saxicola*-Arten nur kleinräumig verbreitet, mit einer Konzentration im zentralasiatischen Raum und sich ebenfalls weitgehend ausschließenden Brutarealen.

Zwei *Saxicola*-Arten sind weltweit potentiell gefährdet *(S. macrorhyncha, S. insignis*), vier weitere Arten werden mittelfristig bedroht sein, wenn die bestandsgefährdenden Faktoren nicht behoben werden (*S. dacotiae, S. gutturalis, S. jerdonii, S. bifasciata*; COLLAR et al. 1994). Der Fahlschulterschmätzer (*S. bifaciata*) wurde erst 1989 in die Gattung *Saxicola* zurückversetzt (TYE 1989), in der sie TEMMINCK 1829 erstmals beschrieben hatte. Zwischenzeitlich wurde die Art von RIPLEY in die Gattung *Oenanthe* und von CLANCEY (1990) in eine eigene Gattung *Campicoloides* überführt.

In Europa kommt neben dem Braunkehlchen großräumig nur das Schwarzkehlchen als weitere *Saxicola*-Art vor. Schon vor der letzten Eiszeit

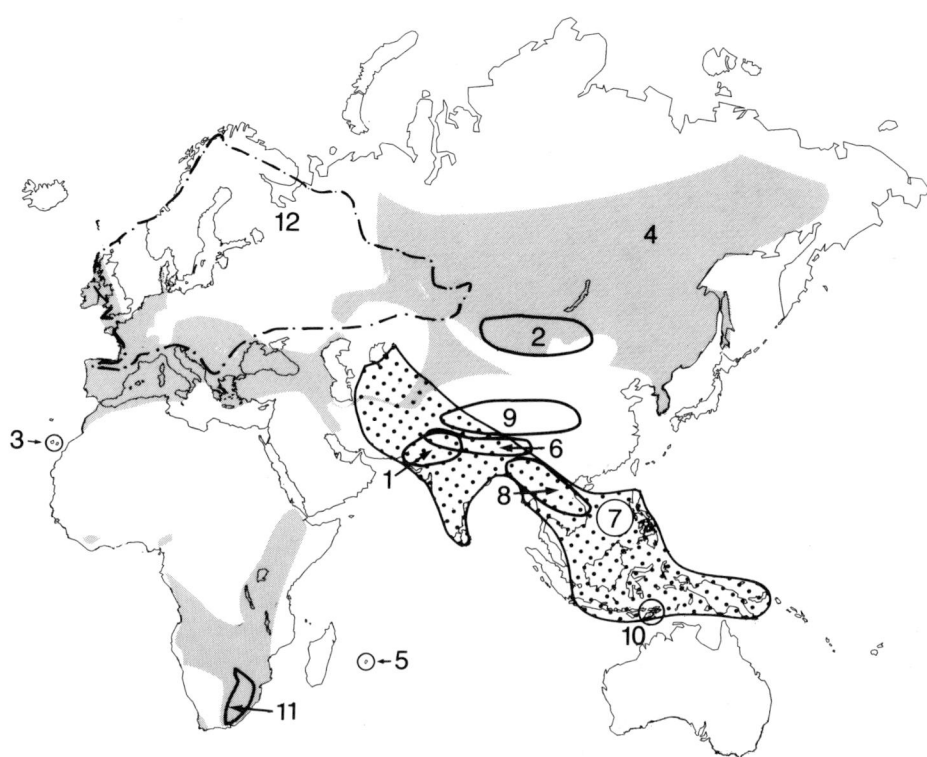

Abb. 1.6: Verbreitung der *Saxicola*-Arten. 1: *S. macrorhyncha*, 2: *S. insignis*, 3: *S. dacotiae*, 4: *S. torquata*, 5: *S. tectes*, 6: *S. leucura*, 7: *S. caprata*, 8: *S. jerdonii*, 9: *S. ferrea*, 10: *S. gutturalis*, 11: *S. bifasciatus*, 12: *S. rubetra* (nach BASTIAN & BASTIAN 1994, CLANCEY 1990, COLLAR et al. 1994, HAFFER pers. Mitt., PETERS 1964, WOLTERS 1982).

trennten sich wahrscheinlich beide Arten von einer ost-paläarktischen Urform ab. Das Schwarzkehlchen setzte seine Entwicklung in den ariden Steppengebieten Asiens fort, Braunkehlchen verschoben dagegen ihr Areal nach Nordwesten. Ihre weitere Entwicklung erfolgte vor allem in den feuchten, atlantischen Klimazonen (HUDEC 1957). Nur am nördlichen Verbreitungsrand des Schwarzkehlchens überlappen sich in Europa und Rußland die Verbreitungsareale beider Arten. Dies wird durch artspezifische, sich weitgehend ausschließende Ansprüche an die Bruthabitate möglich, womit auch Bastardierungen (Beispiele bei: SACHER 1993, UHL pers. Mitt.) weitgehend vermieden werden. Bei direkter Brutnachbarschaft beider Arten scheinen

Schwarzkehlchen dominant zu sein. In einem Fall wurde ein Braunkehlchen-Weibchen über eine Minute lang von einem Schwarzkehlchen-Männchen am Boden gehalten, ehe das Weibchen entkommen konnte (PHILLIPS 1970). Wegen dieser Überlegenheit wurde mehrfach postuliert, daß Schwarzkehlchen ihre unterlegene Schwesterart aus optimalen trockenen Lebensräumen in suboptimale Feuchtstandorte verdrängen. Sogar die weit nach Norden reichende Verbreitung der Braunkehlchen wurde als Folge dieser Dominanz gedeutet. Eine sicherlich vage Vermutung, da bisher in keiner Untersuchung eine aktive Verdrängung belegt werden konnte. Vielmehr bleibt durch die grundsätzlich unterschiedliche, artspezifische Habitatwahl beider Schwesterarten das Konkurrenz-Ausschluß-Prinzip gewahrt. Das Schwarzkehlchen ist eine typisch mediterrane Art, die trockene Ruderalflächen und Ödländer bevorzugt und in vielen Unterarten bis ins tropische Afrika vorkommt. Feuchte, extensiv oder unbewirtschaftete Wiesen und Weiden sind dagegen die artspezifischen Vorzugshabitate des Braunkehlchens (siehe Kap. 3.2.1).

1.4 Irrtümliche und wirkliche Unterarten

Braunkehlchen kommen weltweit nur in einer Unterart vor, wenngleich in der Vergangenheit mehrfach versucht wurde, für Vögel mit extremen Gefiederfärbungen eigene Rassen zu bilden. So wurde gefordert, dunkle britische, wie auch blasse dalmatinische, kaukasische und algerische Braunkehlchen als jeweils eigene Unterarten zu führen. Eine Überprüfung der britischen Tiere ergab, daß sich die extrem erscheinende Gefiederfärbung innerhalb der natürlichen geographischen Variabilität einordnen ließ, ähnlich wie bei der vermeintlichen kaukasischen Unterart. Dagegen zählten Braunkehlchen weder in Dalmatien noch in Algerien zur jeweiligen Brutvogelfauna. In Dalmatien brüten sie weder heute noch zur der Zeit, als KOLLIBAY (1903) für sie die dalmatinischen Unterart *S. r. noskae* forderte. Er beschrieb auffallend blasse Tiere, die er im April und Mai, also zur Hauptzugzeit, schoß. Es waren wahrscheinlich vorjährige Vögel, die auf dem Frühjahrszug von Afrika kommend entlang der Adriaküste in nördlich gelegene Brutgebiete zogen.

Anders als Braunkehlchen kommen Schwarzkehlchen weltweit in zahlreichen Rassen vor. Neben der in Europa brütenden Unterart *Saxicola torquata rubicola*, werden bei uns regelmäßig auch Vögel der sibirischen Unterart *S. t. maura* beobachtet. Das Schlichtkleid dieser Rasse weist praktisch keine Schwarzfärbung auf und wirkt daher sehr blaß, was leicht zu Verwechslung mit Braunkehlchen führt (Abb. 1.7, 1.8). Östliche Schwarz-

Abb. 1.7: Auch wenn Braunkehlchen-Weibchen schlichter gefärbt sind als Männchen, können sie an dem ausgeprägten Überaugstreif und der stark gefleckten Oberseite gut erkannt werden. Foto E. HOYER.

Abb. 1.8: Vor allem im Spätherbst und Winter treten in Europa Schwarzkehlchen der sibirischen Unterart *Saxicola torquata maura* auf. Die Schwarzfärbung im Schlichtkleid dieser Unterart ist sehr gering, so daß es immer wieder zu Verwechslungen mit Braunkehlchen kommt. Gute Erkennungsmerkmale sind der sehr unscheinbare Überaugstreif und die kurze Handschwingenprojektion. Foto A. VAN DEN BERG.

kehlchen werden meist in den Monaten September bis Februar in Europa beobachtet (BARTHEL 1992), zu einer Zeit, wenn Braunkehlchen ihre Brutgebiete bereits verlassen haben. Überwinterungen von Braunkehlchen sind selbst aus Südeuropa bisher in keinem Fall zweifelsfrei nachgewiesen, so daß bei allen (angeblichen ?) Winternachweisen (IMBECK & MESMER 1975, SCHROETER 1959, STOPPER 1967) grundsätzlich der Verdacht einer Verwechslung mit *S. t. maura* naheliegt. In der Zeit von Mitte Oktober bis Ende März müssen daher alle „Braunkehlchen"-Beobachtungen überaus kritisch bewertet und sorgfältig gegen „Sibirische Schwarzkehlchen" abgegrenzt werden.

Leider weisen nur wenige Bestimmungsbücher auf die Verwechslungsgefahr hin und informieren über sichere Unterscheidungsmerkmale.

Braunkehlchen unterscheiden sich in der viel größeren Handschwingenprojektion von *S. t. maura* sowie an Hand mehrerer Gefiedermerkmale. Feldornithologisch charakteristisch ist der deutliche Überaugstreif, der bei *maura* sehr unscheinbar ist. Die Kehlfärbung hebt sich beim Sibirischen Schwarzkehlchen kaum von der Brust ab, und die Oberseite ist sehr viel weniger gefleckt. Als wichtigstes Merkmal jedoch sind beim Sibirischen Schwarzkehlchen Bürzel und Oberschwanzdecken ganz ungefleckt und heben sich damit von der übrigen Oberseite deutlich ab, während beim Braunkehlchen die gesamte Oberseite einheitlich gefärbt ist. Zweifelsfrei wird die Bestimmung von *S. t. maura*, wenn beim Auffliegen des Vogels die Basen der äußeren Steuerfedern ohne Weiß sind. Einen detaillierten Überblick über die verschiedenen Kleider des Sibirischen Schwarzkehlchens geben BARTHEL (1992) und ROBERTSON (1977).

2 Der Weg in die „Roten Listen"

2.1 Wie Braunkehlchen nach Europa kamen

Das Zusammenspiel von ökologischen Bedürfnissen, Biotopparametern, Klimafaktoren und zoogeographisch-evolutiven Prozessen legt die Verbreitung einer Art fest. Da das Faktorengefüge in Zeit und Raum nicht konstant ist, müssen sich Organismen permanent an Modifikationen anpassen, wobei entweder das artspezifische ökologische Anforderungsprofil modifiziert wird, oder es, bei unveränderten ökologischen Bedürfnissen, zu einer Brutarealveränderung kommt.

Vor etwa 5.000 Jahren erkannte der Mensch, daß es für ihn viel effektiver sei, bisher gejagte Wildtiere zu fangen, zu zähmen und als Haustiere zu halten sowie Wälder zu roden, um Äcker anzulegen und um dort Getreide anzubauen. Seit dieser Geburtsstunde der Landwirtschaft vergingen mehr als 3.000 Jahre bis etwa seit dem Mittelalter in Europa großflächig, aber weiterhin mit einfachen Mitteln Ackerbau betrieben wurde. Jedoch erst durch diese Landschaftsveränderungen entstanden für Wiesenbrüter, wie dem Braunkehlchen, ausgedehnte Lebensräume. Zuvor waren sie auf kleinflächige Areale angewiesen, wie Randbereiche von Mooren, Kahlflächen, die nach Feuer, Wind- und Schneebruch inmitten geschlossener Wälder entstanden, oder abtrocknende Überschwemmungsflächen der Flüsse. Es ist sogar denkbar, daß Braunkehlchen erst zu Beginn unserer Zeitrechnung nach Mitteleuropa neu einwanderten (LÖPPENTHIN 1967). Das ökologische Anforderungsprofil der Braunkehlchen wurde auf jeden Fall erst jetzt großräumig auch in Europa erfüllt, so daß sie ihr Brutareal nach Westen verstärkt ausdehnen konnten. Als Folge des aufkommenden Ackerbaues entwickelten sie sich in den folgenden Jahrhunderten dann aber zu einem weitverbreiteten und häufigen Kulturfolger. Seine heutige Verbreitung zeigt Abb. 2.1.

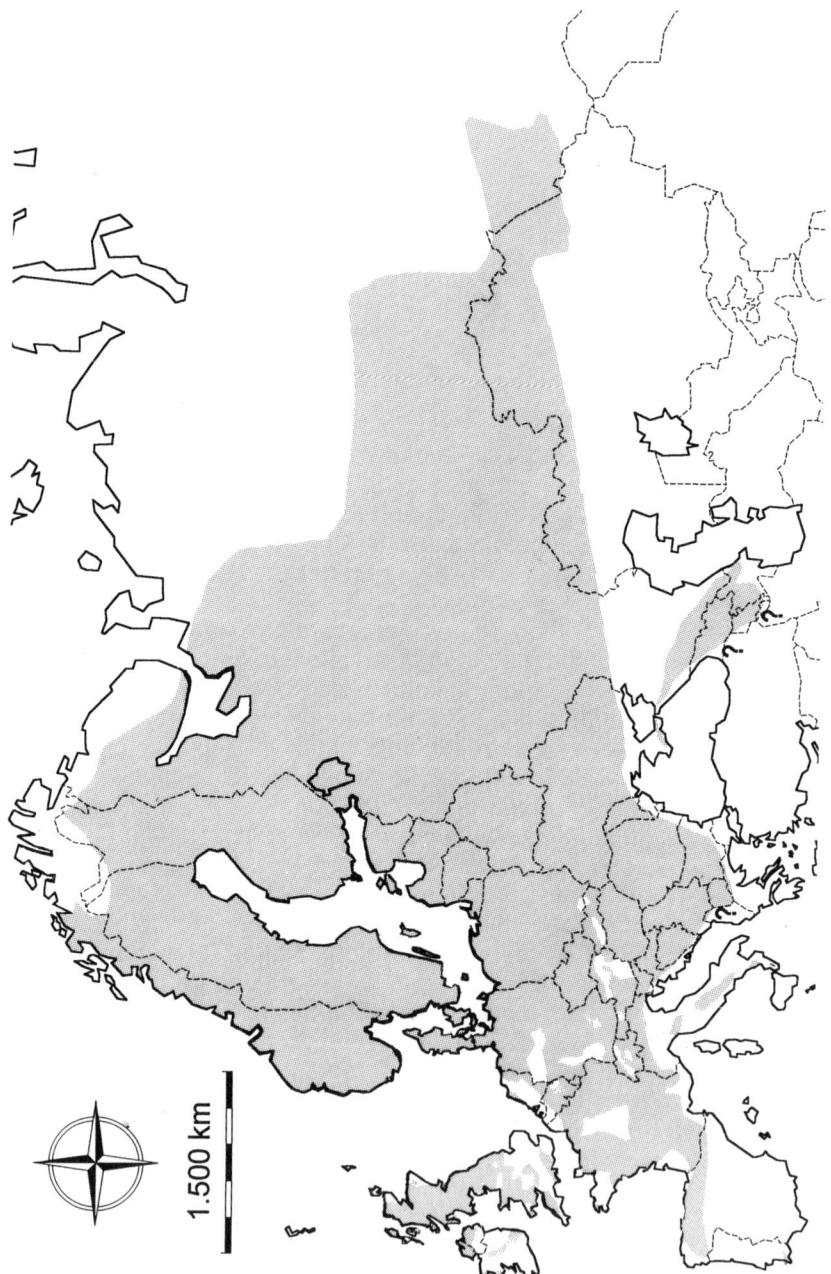

Abb. 2.1: Braunkehlchen kommen nur in der Westpaläarktis vor. Am Westrand ist ihr Brutareal zerstückelt, aus Albanien, der Osttürkei und dem Iran steht ein Brutnachweis bisher noch aus (?; nach Bastian & Bastian 1994).

2.2 Aktuelle Brutverbreitung

Heute haben Braunkehlchen ihren Verbreitungsschwerpunkt in weiten Niederungen Ost- und Nordosteuropas (Abb. 2.2). Dort sind lokale Dichtemaxima
von hundert Paaren pro 10 km² und mehr möglich, wie in Slowenien und
Bosnien-Herzegowina, wo sie eine Brutdichte von bis zu 400 Paaren/10
km² erreichen; in Lettland kommt es sogar zu Maxima von 510 BP/10 km²
(BASTIAN & BASTIAN 1994, BASTIAN et al. im Druck).

  Mit weltweit 3,5-7,5 Millionen Paaren erreichen sie insgesamt jedoch nur
eine Bestandsdichte von etwa 5 BP/10 km² (BASTIAN & BASTIAN 1994, BASTIAN

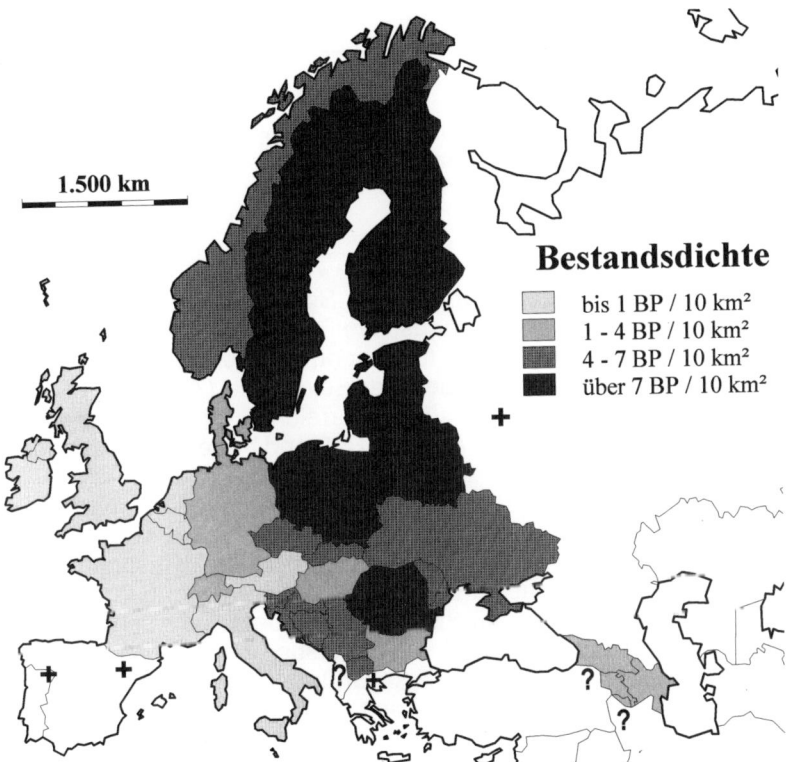

Bestandsdichte

- bis 1 BP / 10 km²
- 1 - 4 BP / 10 km²
- 4 - 7 BP / 10 km²
- über 7 BP / 10 km²

1.500 km

Abb. 2.2: Die Bestandsdichte nimmt von Nordost nach Südwesten ab. +: mediterrane Länder mit kleinen Randpopulationen sowie Rußland, das nur zu etwa
40 % der Landesfläche besiedelt ist. ?: Bruten aus Albanien, dem Iran und der
Osttürkei sind bisher nicht nachgewiesen, doch möglich.

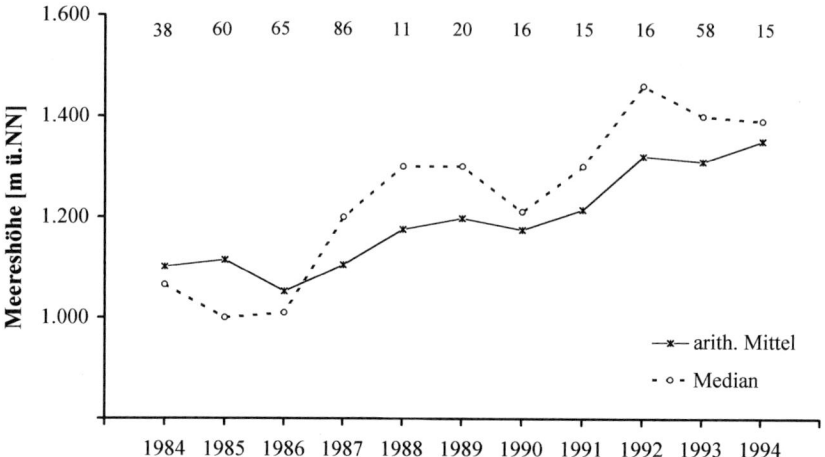

Abb. 2.3: In der Schweiz steigt spätestens seit Mitte der 80er Jahre die mittlere Höhe der Brutorte stetig an. Die Anzahl ausgewerteter Brutorte ist in der oberen Zahlenreihe angegeben (Schmid pers. Mitt.).

et al. im Druck). Das Kernareal, das mit Schweden, Finnland, den Baltischen Staaten, einem Teil Rußlands, Weißrußland, Polen und Rumänien etwa 60 % der Verbreitungsfläche ausmacht, beherbergt allein 80-90 % der Weltpopulation. Hier sind sie neben der Feldlerche (*Alauda arvensis*) oftmals die häufigsten Insektenfresser und erreichen großflächig Brutdichten von 7-12 BP/10 km^2 (Abb. 2.2). Allein in Rußland brüten mit wahrscheinlich 2-4 Millionen Paaren etwa 50 % des Weltbestandes (Tab. 2.1).

Das Brutareal (Abb. 2.1) deckt sich im Osten weitgehend mit der Federgras- und Wiesensteppe Rußlands (Bastian & Bastian 1994). Der östlichste Brutort wurde aus der westsibirischen Waldsteppe bei Krasnojarsk gemeldet (Rogaceva 1992). Kasachstan ist wohl nur in seinem Grenzbereich zu Rußland besiedelt, da die südlich anschließende kasachische Steppe als Bruthabitat zu trocken ist. Aus dem Kaukasus und Transkaukasien sind mehrfach Bruten belegt. Ob sich diese Brutpopulation noch bis in das angrenzende kurdische Bergland Irans und nach Südost-Anatolien ausdehnt, ist jedoch bisher ungeklärt, wobei insbesondere in der Osttürkei Bruten im Bereich des Ararat-Gebirges denkbar sind.

In Skandinavien überschreiten Braunkehlchen den Polarkreis, sie kommen dort bis auf 100 km an das Nordkap heran. Nördlichste Vorkommen sind aus Alta, Tana, Pasvik und Karasjak in der Finnmark bei etwa 70° nördl. Breite bekannt (Durango 1952, Haftorn 1971).

Tab. 2.1: Bestände und Bestandsdichten im gesamten Verbreitungsareal. Aus den meisten Ländern lagen Daten aus landesweiten Erhebungen vor, für viele östliche Länder handelt es sich dagegen oftmals nur um Schätzungen. – ?: Es lagen keine Daten über Bestand oder Bestandsdichte vor; • : Land nur teilweise besiedelt (nach BASTIAN & BASTIAN 1994, BASTIAN et al. im Druck)

Land	Bestand [BP]	Dichte [BP/10km²]
Albanien	?	?
Andorra	10 - 100	1,21
Belgien	350 - 500	0,14
Bulgarien	10.000 - 50.000	2,70
Dänemark	10.000 - 20.000	3,48
Deutschland	40.000 - 50.000	1,26
Estland	25.000 - 75.000	11,11
Finnland	300.000 - 400.000	11,46
Frankreich (Festland)	2.000 - 10.000	0,11
Griechenland (Festland)	100 - 1.000	•
Großbritannien	14.000 - 28.000	0,86
Iran	0	?
Irland	1.250 - 2.500	0,27
Italien (Festland)	10.000 - 15.000	0,51
ehem. Jugoslawien	100.000 - 200.000	5,86
Kasachstan	50.000 - 250.000	•
„Kaukasus-Staaten"	10.000 - 50.000	1,60
Lettland	50.000 - 100.000	11,72
Liechtenstein	10-100	3,44
Litauen	20.000 - 100.000	9,23
Luxemburg	60-70	0,25
Moldawien	5.000 - 25.000	4,41
Niederlande	700 - 1.000	0,21
Norwegen	100.000 - 200.000	4,63
Österreich	5.000 - 8.000	0,78
Polen	150.000 - 300.000	7,20
Portugal	10 - 100	•
Rußland	2.000.000 - 4.000.000	•
Rumänien	200.000 - 300.000	10,53
Schweden	200.000 - 400.000	7,29
Schweiz	5.000 - 7.000	1,45
Slowakei	10.000 - 40.000	5,10
Spanien (Festland)	500 - 5.000	•
Tschechische Republik	30.000 - 80.000	6,97
Türkei	0 (- 5.000)	?
Ukraine	250.000 - 500.000	6,21
Ungarn	10.000 - 50.000	3,22
Weißrußland	150.000 - 250.000	9,62
Gesamtbestand	3.753.990 - 7.498.370	4,83

Nach Süden und Westen nehmen die Brutdichten rasch ab (Abb. 2.2). Mittelmeer und Schwarzes Meer werden etwa bis auf eine Höhe von 40° nördlicher Breite erreicht, wo ihre Verbreitung jedoch auf mittlere und hohe Gebirgslagen beschränkt ist. Küstennahe Tieflagen in Italien, Spanien, Griechenland, dem ehemaligen Jugoslawien, der Ukraine und Moldawien werden gemieden. Sehr zerstückelt sind die Areale am Westrand seiner Verbreitung (Abb. 2.1). Von den britischen Inseln sind nur noch die „highlands" nennenswert besiedelt sowie die Orkney-Inseln und Äußeren Hebriden (CALLION 1993). Speziell in den agrarökonomisch hochentwickelten Benelux-Staaten, der Schweiz, Deutschland und Großbritannien kam es in den letzten 30-40 Jahren zu dramatischen Bestandseinbrüchen, so daß die Bestände dieser Länder vielerorts zu kläglichen Restpopulationen geschrumpft sind. Braunkehlchen haben hier die Niederungen nahezu vollständig verlassen und beschränken ihr Brutvorkommen mittlerweile allein auf mittlere und höhere Gebirgslagen, die mittlere Meereshöhe der Brutreviere steigt aus diesem Grunde auch seit vielen Jahren signifikant an (Abb. 2.3).

Außerhalb des geschlossenen Verbreitungsareals wurden von Kreta, dem Peleponnes und aus dem nördlichen Jennisei-Tal Bruten nachgewiesen. Hierbei handelt es sich jedoch in der Regel um einmalige „Satellitenbruten" (BASTIAN & BASTIAN 1994).

In Deutschland brüten mit beträchtlichen regionalen Dichteunterschieden 40.000-50.000 Paare (Abb. 2.4). Die größte Brutdichte wird mit 7-9 BP/10 km² in Mecklenburg-Vorpommern (15.000-20.000 Paare) und Bremen (400 BP) erreicht. Jedoch auch in anderen landwirtschaftlich geprägten Bundesländern, wie Schleswig-Holstein, Niedersachsen, Sachsen-Anhalt und Sachsen, sowie in Hamburg ist die Bestandsdichte mit mindestens 1 Paar auf 10 km² für Deutschland noch durchschnittlich. Im Süden und Westen brüten dagegen auffallend wenige Braunkehlchen. In Nordrhein-Westfalen sind die Bestände bis auf wenige Restpopulationen erloschen und auch im Saarland, in Hessen, Baden-Württemberg, Bayern und Thüringen sind die Bestände stark zurückgegangen. Eine genaue Analyse der Entwicklung zeigt, daß traditionelle, individuenstarke Populationen negativen Einflüssen besser widerstehen können. Ein Bestand von 20-30 Paaren scheint dabei die kritische Größe zu sein. Kleinere Populationen sind in den letzten Jahren vielerorts erloschen oder nur mit erheblichem Aufwand davor bewahrt worden. Größere Bestände blieben dagegen auch in der jüngeren Vergangenheit stabil oder haben zum Teil sogar zugenommen. Diese sind vielfach nur mehr insuläre Verbreitungspunkte mit relativ hohen lokalen Dichten, inmitten weiter Flächen, die vollständig vom Braunkehlchen geräumt sind. So stellen in Baden-Württemberg nur zwei Populationen (Baar, Federsee), in Nordrhein-Westfalen drei (Burbach, Monschau, Sauerland) jeweils etwa 50 % des Landesbestandes, wobei lokal jedoch Dichten von 50 Paaren/10 km² und mehr erreicht werden (BASTIAN & BASTIAN 1994).

Der Grenzverlauf im Norden, Osten und Süden des Brutareals läßt sich sehr gut mit verschiedenen Klimafaktoren erklären. So fällt die Südgrenze des Brutareals in Gebiete, die gerade noch 200 mm Jahresniederschlag aufweisen, im Norden des europäischen Teils Rußlands kommen sie dagegen nur in Gebieten mit weniger als neun Frostmonaten im Jahr vor. In Mittelsibirien folgt die Verbreitungsgrenze schließlich einer Linie, bis zu der weniger als sechs Monate im Jahr Schnee den Boden bedeckt, so daß die nördliche Verbreitungsgrenze nach Osten hin mit steigender Kontinentalität

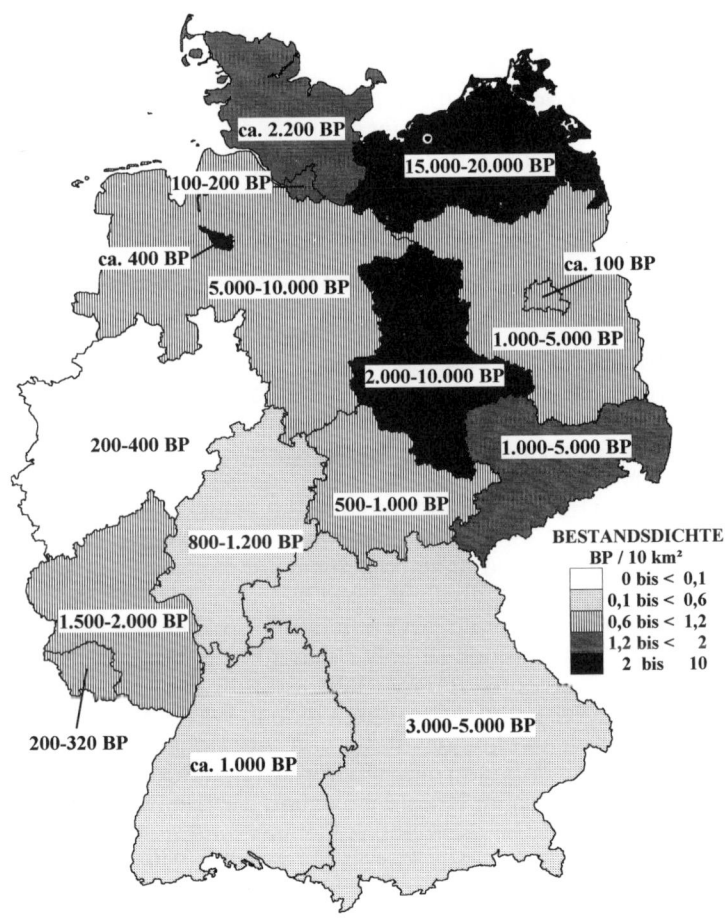

Abb. 2.4: Bestände und Bestandsdichte des Braunkehlchens in Deutschland.

stetig absinkt (BASTIAN & BASTIAN 1994). Die Lücken am Westrand des europäischen Brutareals (Abb. 2.1) sind dagegen weniger mit klimatischen, sondern eher mit anthropogenen Einflüssen zu erklären. In allen west- und mitteleuropäischen Ländern haben Braunkehlchen mittlerweile einen festen Platz in den sogenannten „Roten Listen" der gefährdeten Vögel eingenommen. Als Grund wird stets Habitatverlust durch eine intensive Landwirtschaft genannt.

2.3   Risikofaktor „Landwirtschaft"

„... bei der im Mai oder Juni (bzw. Mai und Juni) stattfindenden Heuernte werden die Nester freigelegt, die Eier oder – in der geringeren Zahl der Fälle – die Jungen ausgemäht, zertreten, auseinandergerecht, tot gefahren oder aber von den Vögeln verlassen (...) oder aber schließlich von den sogleich nach der Schur die kahle Wiese abpatrouillierenden Raben verzehrt." Dies schrieb schon im Jahr 1904/05 W. SCHUSTER. Leider trifft seine Aussage heute noch genauso zu, mit dem folgenschweren Unterschied, daß zu Beginn des Jahrhunderts „seit ... Dezennien ... die Zahl der Vögel fast immer gleich geblieben" ist (SCHUSTER 1904/05), sie heute dagegen vielerorts erschreckend zurückgeht. Bemerkenswert ist, daß SCHUSTER (1904/1905) bereits damals schrieb, daß die Heuernte in Mitteldeutschland „schon immer im Mai begann", so daß der Beginn des Wiesenschnittes zur Hauptbrutzeit nicht alleine der Grund für den rasanten Bestandsrückgang sein kann. Schon damals gingen jedes Jahr 70-90 % der Erstgelege verloren, doch der Bestand konnte sich dennoch durch regelmäßige Nach- und Zweitbruten halten (SCHUSTER 1904/1905). Was geschah seit dieser Zeit, daß heute bei ähnlich hohen Verlusten die Bestandszahlen der meisten Populationen deutlich rückläufig sind ?
Einen ersten Hinweis ergibt sich aus dem Vergleich der Bestandstrends in verschiedenen Länder des Brutareals; auf Beringungsstationen Skandinaviens und Deutschlands werden Jahr für Jahr weniger Braunkehlchen gefangenen (Abb. 2.5), und die Brutbestände in West-, Mittel- und teilweise Nordeuropa dünnen seit langem stetig aus. Auf hohem Niveau stabil bleiben seit Jahrzehnten dagegen die osteuropäischen Populationen (BASTIAN & BASTIAN 1994). Ein ähnlicher Gradient existiert auch in Deutschland. Anders als in der ehemaligen Bundesrepublik Deutschland galten Braunkehlchen im Osten noch bis vor wenigen Jahren als weitverbreitet und ungefährdet, so daß Bemühungen, den rapiden Rückgang im Westen publik zu machen (BAUER & THIELCKE 1982, STERN et al. 1978), bei Ornithologen der ehemaligen DDR vielfach auf Unverständnis stießen.

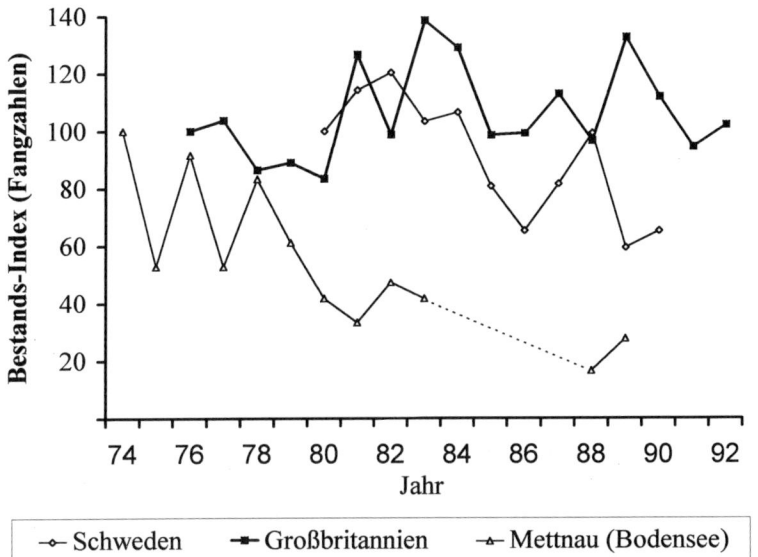

Abb. 2.5: Auf einer schwedischen und deutschen Beringungsstation gehen die Zahlen gefangener Braunkehlchen kontinuierlich zurück, in Großbritannien bleiben sie dagegen konstant. Um die Datenreihen besser vergleichen zu können, wurde die Anzahl der im ersten Berichtsjahr gefangenen Tiere jeweils gleich 100 gesetzt. Jahre, aus denen keine Fangzahlen bekannt sind, sind als Punktlinie dargestellt (nach BERTHOLD et al. 1993, STOLT pers. Mitt., FINK pers. Mitt.).

2.3.1 Die Situation der Landwirtschaft am Ende des 20. Jahrhunderts

Voneinander abweichende Bestandstrends in Ost- und Westdeutschland gehen einher mit Unterschieden in der Agrarentwicklung. Parallel mit dem Rückgang landwirtschaftlicher Produktionsgenossenschaften (1994 verwaltete die Treuhandgesellschaft noch 206 der ehemals 515 LPG's) wurden privat betriebene Höfe im Osten grundsätzlich zahlreicher. Ein Trend, der dort auch heute noch anhält, während im Westen nur Höfe mit einer Größe von mindestens 50 ha häufiger werden, kleinere Betriebe gehen immer mehr zurück (Abb. 2.6). Die Ursache dafür ist in der mäßigen Gewinnspanne landwirtschaftlicher Betriebe zu suchen, die zudem, ungeachtet staatlicher Hilfen, ständig sinkt. Die Lohnschere zwischen einer Familienarbeitskraft in der Landwirtschaft und dem gewerblichen Vergleichslohn klafft immer weiter auseinander (Abb. 2.7). Dies stellt Landwirte heute vor die Frage, den

Landwirtschaftliche Betriebe 1993
Veränderung zum Vorjahr

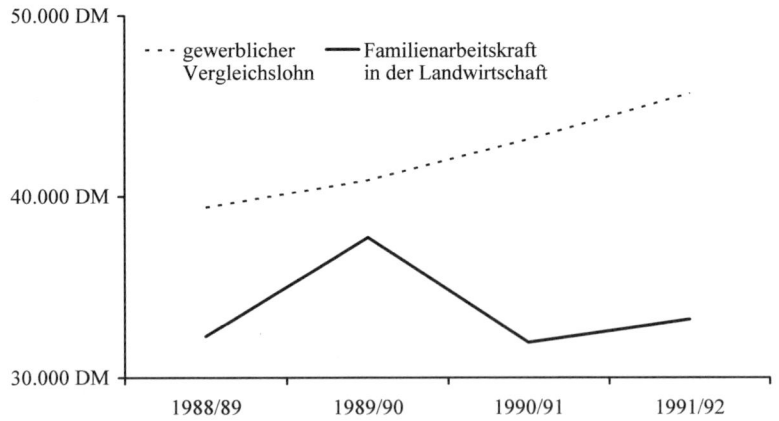

Westdeutschland

alle Betriebe	-2,5
1 - 10 ha	-2,8
10 - 20 ha	-4,2
20 - 30 ha	-4,3
30 - 40 ha	-3,1
40 - 50 ha	-1,1
50 - 100 ha	+11,5
100 ha und mehr	+11,5

Ostdeutschland

alle Betriebe	+36,4
1 - 10 ha	+48,4
10 - 20 ha	+31,6
20 - 30 ha	+24,8
30 - 40 ha	+29,3
40 - 50 ha	+31,5
50 - 100 ha	+31,8
100 ha und mehr	+25,4

Abb. 2.6: Veränderungsrate (in %) verschieden großer landwirtschaftlicher Betriebe in den alten und neuen Bundesländern (BARATTA 1994).

50.000 DM

- - - gewerblicher   —— Familienarbeitskraft
      Vergleichslohn   in der Landwirtschaft

40.000 DM

30.000 DM

        1988/89   1989/90   1990/91   1991/92

Abb. 2.7: Die Lohnentwicklung in der Landwirtschaft weicht seit Jahren immer mehr von der im Gewerbe ab (BARATTA 1994).

Betrieb aufzugeben oder die Produktion bei permanent steigenden Lebenshaltungskosten und sinkenden Verkaufspreisen für Getreide, Milch und Fleisch leistungsfähiger zu gestalten. Den Anforderungen gewachsen sind nur noch Großbetriebe mit modernen, zeitlich ausgelasteten und damit effizient genutzten Maschinen.

Die Konzentration der Agrarleistung in Großbetrieben, die mit modernen Maschinen das Land betriebswirtschaftlich optimal bearbeiten, sowie der Einsatz großer Düngermengen steigerte die Nahrungsmittelproduktion pro Einwohner in Deutschland um 1,6 %. Konnte 1950 jeder Landwirt in Deutschland durchschnittlich zehn Menschen ausreichend mit Lebensmitteln versorgen, so führte die Produktionssteigerung der letzten Jahrzehnte dazu, daß 1992 statistisch gesehen bereits 82 Menschen je Landwirt ernährt wurden. Länder, die nicht über die notwendigen finanziellen Mittel für Maschinen, Dünger und Pestizide verfügen, können diese Steigungsraten nicht erzielen. In Rumänien sank 1993 die Nahrungsmittelproduktion pro Kopf sogar um 2,3 % gegenüber Vorjahr ab. In diesen Ländern arbeiten jedoch prozentual sehr viel mehr Menschen in der Landwirtschaft, die meist wegen der knappen Finanzressourcen nur eine extensive Landwirtschaft betreiben.

Bezogen auf die jeweilige Landesfläche ist in Deutschland und anderen mittel- und westeuropäischen Ländern der Technisierungsgrad und Düngemittelverbrauch sehr hoch. 1993 wurden in Großbritannien, Deutschland und Frankreich auf jeden km² Landesfläche mehr als 5 t Stickstoffdünger ausgebracht, in Polen waren es 2 t und in den Ländern der ehemaligen UdSSR nur 0,44 t. Zu diesen Düngemittelbelastungen kommt in West- und Mitteleuropa eine beträchtliche Stickstoffimmision aus der Luft, die lokal mehr als 1 t pro Jahr und km² Landesfläche ausmachen kann (BASTIAN et al. 1994). Viele Äcker sind in Europa zu großflächigen Stickstoffdeponien verkommen, mit einer jährlichen Stickstoff-Überschußproduktion von weit mehr als 100 kg/ha. Diese Düngermengen kann der Boden nicht mehr aufnehmen, sie werden vielmehr über Bäche und Flüsse in Seen und Meere verfrachtet.

Parallel zu den agrarwirtschaftlichen Entwicklungen werden seit Mitte des 20. Jahrhunderts im westlichen Europa landwirtschaftlich genutzte Flächen von Braunkehlchen vermehrt aufgegeben. Auf diesen durch Menschen geschaffenen und gestalteten Böden erlangten sie ehemals ihre höchste Brutdichte. Die maschinell und industriell gestützte, kapitalintensive Landnutzung der Neuzeit veränderte die natürlichen Wiesenlandschaften in Struktur und Reichhaltigkeit jedoch derart radikal, daß sie als Lebensraum für Braunkehlchen immer mehr an Bedeutung verloren. Bedenklich ist, daß seit einigen Jahren eine ähnliche Entwicklung auch in Skandinavien sichtbar wird. Hier, wo die aktuelle Brutdichte des Braunkehlchens zwar noch sehr hoch ist, Finnland und Schweden gehören sogar zum Kernareal (Abb. 2.2), haben Wohlstand und wirtschaftliche Stabilität den Standard west- und mitteleuropäischer Staaten erreicht. Es besteht die Gefahr, daß in den nächsten Jahren auch in Nordeuropa die Brutbestände zurückgehen. Erste Anzeichen dafür sind in Finnland zu erkennen, wo seit Anfang der 80er Jahre ein Rückgang beobachtet wird, der möglicherweise stärker ist, als im übrigen Skandinavien (BASTIAN & BASTIAN 1994, HAAPALA pers.Mitt.).

2.3.2 Braunkehlchen im Spannungsfeld europäischer Hochleistungs-Wirtschaften

Inflationsrate, Bruttosozialprodukt, Bevölkerungsdichte sowie der Anteil der Landwirtschaft am Bruttoinlandsprodukt korrelieren sehr eng mit der Brutdichte des Braunkehlchens in den verschiedenen Ländern des Verbreitungsareals (Abb. 2.8). So ist die Brutvogeldichte in Ländern mit geringer Einwohnerzahl signifikant höher als in bevölkerungsreichen Staaten ($r = 0,76$; $FG = 22$; $p < 0,001$). Länder, in denen Braunkehlchen selten sind oder wo die Brutbestände seit vielen Jahren sehr deutlich zurückgehen, gehören mit einem Bruttosozialprodukt (BSP) je Einwohner von mindestens 15.000 $ (1993) zu den reichsten Staaten Europas, mit stabilen Wirtschaften und jährlichen Preissteigerungsraten von höchsten 5 %. Andererseits ist in Ländern mit seit vielen Jahren großen und stabilen Braunkehlchenpopulationen die gesamtwirtschaftliche Situation sehr unbefriedigend, mit einem sehr niedrigen BSP je Einwohner und zum Teil dramatischen Inflationsraten (bis über 10.000 %). In diesen Ländern ist der Anteil der Landbevölkerung sehr hoch, wobei viele Menschen in Klein- oder Familienbetrieben beschäftigt sind, die kaum über den finanziellen Rückhalt verfügen, zusätzliche Arbeitskräfte, Maschinen, Kunstdünger oder Pestizide anzuschaffen. Somit wird der Boden meist extensiv und kleinräumig bewirtschaftet. Dies ist auch der Grund für den hohen Anteil der Landwirtschaft am Bruttoinlandsprodukt dieser Staaten und der engen positiven Korrelation mit den Braunkehlchenbeständen ($r = 0,624$; $FG = 22$; $p < 0,001$; Abb. 2.8). Ausnahmen stellen große staatliche Betriebe dar, wie sie in Polen am Stettiner Haff oder bei Danzig existieren. Dort wiederum sind aber Braunkehlchen selten (OPPERMANN pers. Mitt.).

In West- und Mitteleuropa ist es Landwirten finanziell meist zu unsicher, Ackerbau kleinräumig, extensiv, naturnah aber auch arbeitsintensiv zu betreiben. Biolandbau ist großflächig immer noch die Ausnahme, es dominiert die intensive Hochleistungs-Landwirtschaft. Hier spielt sicherlich die Furcht vor neuen Wegen mit. Daß es jedoch nicht nur möglich ist, diese neuen Wege zu gehen, sondern daß es sich sogar auch wirtschaftlich lohnt, dafür sorgen EU-Förderprogramme. Laut Agrarbericht der Bundesregierung liegt der durchschnittliche jährliche Gewinn je Familienarbeitskraft bei Biobauern

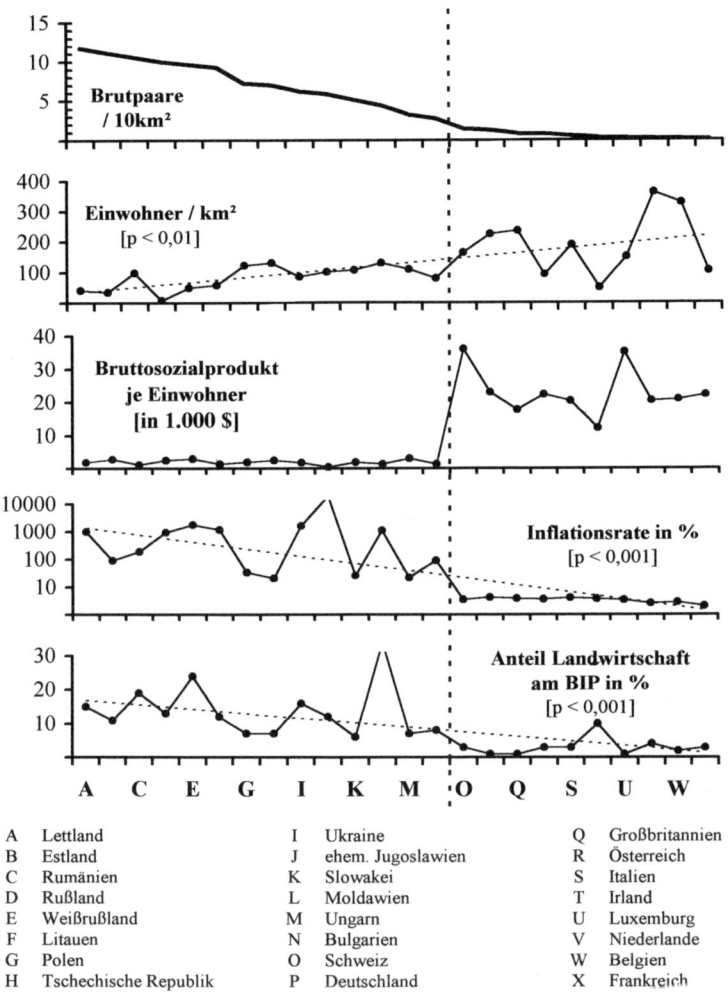

A   Lettland   I   Ukraine   Q   Großbritannien
B   Estland   J   ehem. Jugoslawien   R   Österreich
C   Rumänien   K   Slowakei   S   Italien
D   Rußland   L   Moldawien   T   Irland
E   Weißrußland   M   Ungarn   U   Luxemburg
F   Litauen   N   Bulgarien   V   Niederlande
G   Polen   O   Schweiz   W   Belgien
H   Tschechische Republik   P   Deutschland   X   Frankreich

Abb. 2.8: Vergleich der Bestandsdichte (oberste Graphik) mit einigen volkswirtschaftlichen Kennzahlen (BARATTA 1994, HARENBERG 1994). Die vertikale Linie trennt Länder mit hoher Braunkehlchendichte, aber geringer Bevölkerungsdichte sowie einer ungünstigen volkswirtschaftlichen Gesamtsituation (niedriges Bruttosozialprodukt je Einwohner, hohe Inflationsrate) von Ländern mit niedriger Braunkehlchendichte, aber hoher Bevölkerungsdichte und einer stabilen Volkswirtschaft. Skandinavische Länder weichen von dem Muster ab und wurden aus Gründen der Übersicht nicht mit dargestellt. Diese Länder haben hohe Braunkehlchenbestände, ihre Volkswirtschaft entspricht indes eher denen westeuropäischer Länder.

heute um 4.142 DM höher als bei ihren Kollegen, die auf intensive Landwirtschaft setzen.

Aber welche unmittelbaren biotischen und abiotischen Faktoren im Umfeld eines Braunkehlchen werden durch eine intensive Landwirtschaft so verändert, daß Vögel diese Habitate letztendlich dauerhaft aufgeben? Oder anders gefragt, welche Anforderungen stellen Braunkehlchen an ihre Umwelt, um darin leben und erfolgreich brüten zu können und welche Umweltfaktoren sind es dann, die erhalten oder wieder geschaffen werden müssen, um ein effizientes Schutzmanagement zu betreiben?

3 Zu Hause auf Wiesen, Weiden und Feldern

Jeder Organismus wählt aus dem Angebot geologischer Strukturen, Landschaftstypen und Witterungsbedingungen einen Sektor aus, in dem er leben, sich ernähren und vermehren kann. Dieser Ausschnitt, das Habitat, ist eine natürliche Struktur, definiert aus der Sicht des Tieres oder der Pflanze.

Braunkehlchen werden zu Recht als Charakterart weiträumiger, offener Wiesen und Weiden bezeichnet. Über 95 % der in Deutschland und Österreich untersuchten Bruthabitate zählen dazu, etwa 90 % betreffen Wiesen, Weiden, Ruderal- und Brachflächen (Abb. 3.1, 3.2). Zieht man die nord- und osteuropäischen, von Braunkehlchen dichtbesiedelten Niederungsflächen

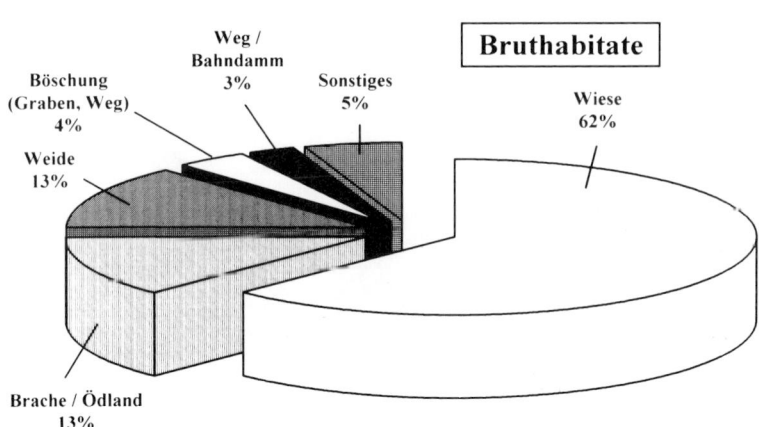

Böschung (Graben, Weg) 4%

Weg / Bahndamm 3%

Sonstiges 5%

Weide 13%

Bruthabitate

Wiese 62%

Brache / Ödland 13%

Abb. 3.1: In Deutschland und Österreich besiedelte Habitate; es wurden insgesamt 955 Habitatbeschreibungen einzelner Brutstandorte ausgewertet (nach verschiedenen Autoren).

Abb. 3.2: Von Zäunen begrenzte Weiden sind beliebte Brutstandorte. Zwischen der Zaunreihe und der Hecke brütete ein Paar, unmittelbar hinter der Hecke begann das Revier des Nachbarn. Foto A. und H.-V. Bastian.

Abb. 3.3: Bruthabitat in einer dänischen Heidelandschaft. Foto E. Hoyer.

mit in die Betrachtung ein, so ergibt sich ein noch deutlicheres Bild. Weitere Bruten sind von Wegrändern, Bahndämmen, Grabenböschungen bis hin zu extrem trockenen Heidegebieten bekannt sowie aus lückigen, jungen Forstkulturen, wo sie als Charakterart früher Brachlandsukzessionen auftreten (BASTIAN et al. 1994, BRANDL & WALBERER 1982, HÖLZINGER & PRINZINGER 1987, RANFTL 1989, SCHUSTER 1994). Wiesen werden jedoch gemieden, wenn in 30-60 m Entfernung Waldränder oder andere dichte Vertikalstrukturen angrenzen. Aus diesem Grund bleiben auch enge Täler unbesiedelt, selbst wenn die Biotope sich sonst als günstig erweisen (FEULNER 1990, 1995, FÖRSTER & FEULNER 1993).

„Erdvogel", „Grasrätsch", „Wiesenvögeli" oder „Krautlerche" sind Lokalnamen des Braunkehlchens, die seinen engen Bezug zu Wiesen herausstellen, genauso wie der alte, noch in diesem Jahrhundert gültig gewesene Gattungsname *„Pranticola"* (lat.: pratum = Wiese). Analog bezieht sich das englische „Whinchat" (engl.: whin = Ginster) auf das Vorzugshabitat britischer Braunkehlchen, die mit Stechginster und englischen Ginster (*Ulex europaea, Genista anglica*) bewachsenen Heide- und Moorflächen (Abb. 3.3). Etwas irreführend ist der heutige Gattungsname *„Saxicola"*, der soviel wie Felsbewohner bedeutet (lat.: saxum = Felsblock, Steinblock). Zwar zeugen auch lokale Bezeichnungen wie „Steenpicker", „Steinfletsche" und „Steinpatsche" von Steinen im Lebensraum der Braunkehlchen, charakteristisch sind sie jedoch nicht. Die Ursache liegt vielmehr darin, daß zu der Gattung *„Saxicola"* ursprünglich sowohl Wiesen- als auch Steinschmätzer zählten, später aber die mehr an felsige Habitate gebundenen Steinschmätzer den Namen *„Oenanthe"* erhielten.

3.1 Lebensraum „Wiese"

Wiesen sind in Europa zum Großteil keine natürlichen Grasländer, wie Savannen, Präries, Tundren oder Steppen, sondern es sind Lebensräume, die nur durch regelmäßigen Schnitt oder Beweidung entstehen und erhalten werden. Ursprünglich kamen sie in gemäßigten Breiten großflächig nur an Meeresküsten, auf Gebirgsmatten oder anderen Stellen vor, die extremen Bedingungen ausgesetzt waren, kleinflächig zusätzlich noch an Trocken- oder Nässegrenzen zum Wald (BLAB 1984). Natürliche Wiesen und landwirtschaftlich genutzte Flächen, also potentielle Braunkehlchenhabitate, nehmen heute mehr als die Hälfte der deutschen Landesfläche ein, 40 % davon werden als Grünland genutzt.

Ausdauernde, mehrjährige Kräuter und Gräser sind für diesen Habitattyp bestimmend, wobei Bodenoberfläche, Kraut-, Blüten- und Fruchtschicht ökologisch eng miteinander verzahnt sind. Die Zusammensetzung der Nutzwiesen-Vegetation wird insbesondere durch den Mahdrhythmus festgelegt. Vor dem ersten Schnitt blühen Sumpfdotterblume (*Caltha palustris*), Löwenzahn (*Taraxacum*), Lichtnelke (*Melandrium*), Wiesenschaumkraut (*Cardamine pratensis*) und Wiesenkerbel (*Anthriscus sylvestris*), vor dem zweiten Schnitt unter anderem Engelwurz (*Angelica sylvestris*), Sauerampfer (*Rumex*), Hahnenfuß (*Ranunculus*) und Wiesenknopf (*Sanguisorba*). Auf extensiv bewirtschaftetem Grünland wurden in Deutschland über 450 Pflanzenarten erfaßt, die in dieser Vielfalt Garant für eine reichhaltige Tierwelt sind. So wurden allein auf schleswig-holsteinischen Feuchtwiesen mindestens 3.500 Tierarten gefunden (HEYDEMANN 1980).

Im Vergleich zu Äckern sind selbst stark genutzte Wiesen (Fettwiesen, Fettweiden) artenreich. So wurden auf einem Quadratmeter Grünland 60 Regenwürmer (*Lumbricidae*), 3.400 Milben (*Acari*) und 1.500 Springschwänze (*Collembola*), auf einem Quadratmeter Acker aber nur 5 Regenwürmer, 600 Milben und 1.100 Springschwänze gezählt (BLAB 1984). Die reichhaltigste Wiesenzönose stellen Streuwiesen dar. Hier blühen nicht nur besonders viele Pflanzen, auch die Zahl der Tiere ist 1.000-1.300 mal höher als auf zwei- bis dreischürigen Wiesen.

Neben frischen und abgestorbenen Pflanzenteilen stellen primär Springschwänze und Milben die Nahrungsbasis für etwa 2.000 höhere Arthropodenarten dar, die auf Grünländern heimisch sind. An der Bodenoberfläche sind Käfer (*Coleoptera*) und Spinnen (*Araneae*), in der Krautschicht Zweiflügler (*Diptera*) und Wanzen (*Heteroptera*) am häufigsten.

Kleinsäuger und Vögel besetzen im nahrungsökologischen Netz die den Arthropoden folgende, nächst höhere Ebene. Als Wirbeltiere stehen sie weit oben in der Nahrungspyramide und sind auf relativ große Flächen angewiesen. Sie leben von frischen Pflanzenteilen (z. B. Hase *Lepus capensis*), Sämereien (z. B. Grauammer *Emberiza calandra*, Feldmaus *Microtus arvalis*) oder, wie das Braunkehlchen, von Arthropoden.

Mit Arten, die im gleichen Habitat eine ähnliche Nahrungs- und Brutökologie haben (ökologische Gilden), kommt es zu Wechselwirkungen. Als typische und zumindest zeitweise insektivore Wiesenvögel treten neben dem Braunkehlchen Kiebitz (*Vanellus vanellus*), Rohrammer (*Emberiza schoeniclus*), Wiesenpieper (*Anthus pratensis*), Feldlerche, Schafstelze (*Motacilla flava*), Feldschwirl (*Locustella naevia*), Sumpfrohrsänger (*Acrocephalus palustris*), Dorngrasmücke (*Sylvia communis*), Neuntöter (*Lanius collurio*) und Schwarzkehlchen auf (BASTIAN 1993a, BÖLSCHER 1988, KOLBE & NEUMANN 1988). Diese Arten stehen (mit Ausnahme der Rohrammer, die eine abweichende Nahrungssuchstrategie hat, sowie des Neuntöters und der Dorngrasmücke, die mehr an Gebüsche gebunden sind,) potentiell in Konkurrenz zueinander. Wegen fehlender Detailuntersuchungen über die ökologische Einnischung der verschiedenen Wiesenvogelarten ist ihre tatsächliche

Bedeutung als Konkurrenz für Braunkehlchen bisher jedoch nur schwierig zu beurteilen.

Raubwürger (*Lanius excubitor*) und seltener Neuntöter jagen Feldmäuse und Kleinvögel, brüten jedoch auf einzeln stehenden Bäumen, in Hecken oder Feldgehölzen. Von den Greifvögeln sind nur Sumpfohreule (*Asio flammeus*), Wiesen- und Kornweihe (*Circus pygargus, C. cyaneus*) typische Wiesenbewohner, die jedoch wegen ihrer Seltenheit höchstens lokal eine Rolle im Ökosystem „Wiese" spielen. Häufige Greifvögel, Eulen, Corviden und beutegreifende Säugetiere, die auf Wiesen und Feldern regelmäßig nach Beute suchen, sind dagegen keine Grünland-, sondern Wald- bzw. Waldrandbewohner oder brüten in Siedlungen. Felder, Wiesen und Weiden ziehen sie als Jagdrevier mit in ihren Lebensraum ein. In der Nähe von Wäldern und Feldgehölzen haben Grünländer damit eine weitere Bedeutung als Nahrungshabitat für Nicht-Wiesenvögel. Auf dieser höchsten Ebene des biozönotischen Wirkungsgefüges werden Grünländer somit mit anderen Ökosystemen verzahnt, womit der Feinddruck aber auch die Anzahl der Nahrungskonkurrenten erhöht wird.

3.2 Anforderungen an Bruthabitate

Paarung, Brut und Jungenaufzucht binden Braunkehlchen im Frühjahr und Sommer an einen eng begrenzten Lebensraum. Er muß zur rechten Zeit ein großes und abwechslungsreiches Nahrungsangebot bieten, um das Überleben von Alt- und Jungvögeln zu sichern. Die Vegetationsstruktur muß Sicherheit geben und Gelegenheit zur Nestanlage bieten. Die Ansprüche an Bruthabitate sind daher vielfältig und anspruchsvoll, mehr als an jeden anderen Lebensraum.

3.2.1 Braunkehlchen lieben es kühl und feucht

Innerhalb der Gattung *Saxicola* drängen Braunkehlchen am weitesten nach Norden vor (Abb. 1.6). Im Mittelmeerraum sind sie, anders als Schwarzkehlchen, nur auf mittlere und höhere Gebirgslagen beschränkt. Hohe Umgebungstemperaturen meiden Braunkehlchen offenbar, dagegen verfügen sie über eine beachtliche Kältetoleranz, die es ihnen erlaubt, in polaren Tundren Skandinaviens sowie im Gebirge bis 2.400 m Höhe zu brüten. Selbst Steinschmätzer (*Oenanthe oenanthe*) mit ihrem sehr ähnlichen ökologischen Anforderungsprofil scheinen empfindlicher zu sein; nach einem Kälteeinbruch wurde bei ihnen eine fünfmal höhere Verlustrate ermittelt als unter Braunkehlchen (OJANEN 1968).

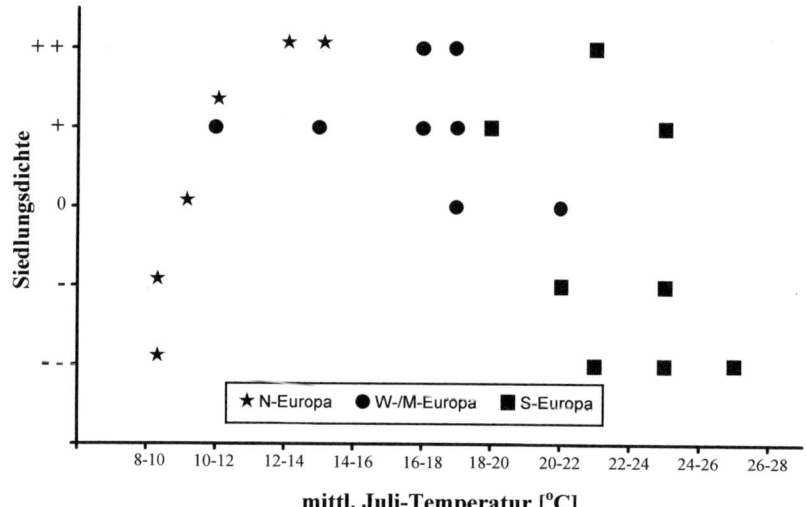

mittl. Juli-Temperatur [°C]

Abb. 3.4: Abhängigkeit der halbquantitativ bewerteten Siedlungsdichte (- -: sehr dünn besiedelt; ++: sehr dicht besiedelt) von der mittleren Julitemperatur in Brutgebieten zwischen Nord-Lappland und Zentral-Italien (nach verschiedenen Autoren).

Die bis zum Polarkreis reichende Brutverbreitung ist für einen Insektenfresser nicht selbstverständlich. Sie wird maßgeblich ermöglicht durch das in Mittel- und Nordeuropa vorherrschende atlantische, ganzjährig gemäßigte Klima. Je weiter im Osten das Kontinentalklima mit seinen heißen, trockenen Sommern und frostigen Wintern vorherrscht, um so schmaler wird der Landstreifen, der den artspezifischen Anforderungen an das Bruthabitat genügt und desto geringer ist auch die Nord-Süd-Ausdehnung des Brutareals (Abb. 2.1).

Die Toleranz gegenüber unterschiedlichen Temperatur- und Feuchtewerten ist recht hoch. Bei mittleren Sommertemperaturen zwischen 10 °C und 20 °C bleibt die Siedlungsdichte weitgehend gleich. Erst wenn diese Grenzwerte unter- bzw. überschritten werden, geht die Brutdichte rasch zurück (Abb. 3.4). Doch wirken Klimafaktoren auf die Habitatwahl ursächlich oder prägen sie eine Umwelt, die für Braunkehlchen mehr oder minder geeignet ist? Sind es Temperaturen oder Feuchtegrade, die sie benötigen, oder Habitate, die durch diese Witterungsfaktoren erst entstehen? Tatsächlich sind Verbreitungsgrenzen dort überschritten, wo zur Brutzeit der Boden gefroren ist, hoher Schnee liegt oder der durch Trockenheit eingeschränkte Wasserhaushalt es nicht erlaubt, daß sich eine Deckung bietende Wiesenvegetation ausbildet. Dort also, wo für einen insektivoren Bodenbrüter Nistmöglichkeiten eingeschränkt sind und/oder nur wenig Nahrung verfügbar ist. Häufig wird von der Vorliebe der Braunkehlchen für feuchte Standorte berichtet (BÖLSCHER 1988, DEMARET 1969, FEULNER 1995, FÖRSTER & FEULNER 1993, HUDEC 1957), und in der Tat ist die Brutdichte auf Niederungsflächen Polens, Rußlands und Weißrußlands weltweit am höchsten (BASTIAN & BASTIAN 1994, Abb. 2.2). Feuchtwiesen sind in der Regel strukturarm, weisen ein gutes Nahrungsangebot auf und werden erst spät im Jahr gemäht. Noch zur Jahrhundertwende kamen Braunkehlchen auch in West- und Mitteleuropa vorzugsweise in feuchten Niederungen von Flüssen und Seen vor. Erst ab den 1920er Jahren wurden diese Landschaften vermehrt aufgegeben. HESS (1914) beschrieb die Situation für die Schweiz: „In den tieferen Lagen wird sein Bestand immer geringer, während er in den höheren noch nirgends fehlt, ...". Heute haben Braunkehlchen das fruchtbare Schweizer Mittelland wie auch viele andere mittel- und westeuropäische Niederungen geräumt und sind auf weniger feuchte Mähwiesen, Weiden oder Brachflächen der Mittelgebirge ausgewichen. Daraus zu folgern, sie würden ihre ursprüngliche Vorliebe für feuchtere Habitate mehr und mehr aufgeben und vermehrt trockenere Standorte besiedeln, wäre ein fataler Trugschluß; vielmehr werden sie durch die massive, großräumige Landschaftsveränderung aus ihren Optimallebensräumen immer stärker verdrängt. Es beweist aber, daß Braunkehlchen bei ihrer Habitatwahl nicht allein auf Feuchtlebensräume spezialisiert sind, sondern auch trockene Standorte als Brutlebensraum akzeptieren können.

Somit wird die Verbreitung weder durch die Umgebungstemperatur, Bodennässe noch den Schnee an sich eingegrenzt, sondern es ist vielmehr die durch diese Faktoren geprägte Umwelt, von der die Vegetationsstruktur ein maßgeblicher Parameter ist (BASTIAN 1987, FULLER & GLUE 1977, KOLBE & NEUMANN 1988).

3.2.2 Übersicht ist wichtig

Braunkehlchen leben in Süddeutschland in mehreren Habitattypen (Tab. 3.1). Da jede Pflanzengesellschaft eine für sich typische Vegetationsstruktur ausbildet (OPPERMANN 1990, 1992), zeigt die Besiedlung verschiedener Gesellschaften, daß es unbefriedigend und unzureichend ist, Habitate mittels vegetationskundlicher Einheiten zu beschreiben. Eine in Schweden durchgeführte Habitatanalyse belegt, daß Braunkehlchen einer artenreichen Wiesen- und Weideavizönose angehören. Die Qualität der von Braunkehlchen gewählten Habitate unterschied sich dabei deutlich von anderen vogelartenarmen Lebensräumen (ROBERTSON et al. 1990). Die Studie bestätigt darüber hinaus, daß es zu keinem Ergebnis führt, Verbreitungsbilder nur an Hand

Tab. 3.1: Pflanzengesellschaften süddeutscher Braunkehlchenhabitate (nach: ERNST & SCHAUM 1983, KUNZ 1984, OPPERMANN 1990, 1992).

– *Phragmitea*
– *Magnocaricion* (Großseggen-Sümpfe)
– *Scheuchzerio-Caricetea nigra*
–– *Caricion nigrae* (Kleinseggenrieder)
– *Nardo-Calluneta*
– *Nardetalia*
– *Viola-Nardion* (Borstgrasrasen)
– *Festuco-Brometea* (Kalk-Magerrasen)
– *Thymo-Festucetum*
– *Molinio-Arrhenatheretea*
–– *Molinietalia*
– *Molinion* (Pfeifengras-Streuwiesen)
– *Filipendulion* (Mädesüßwiese)
– *Calthion* (gedüngte Feuchtwiese)
– *Arrhenatheretalia* (gedüngte Frischwiese und -weide)

von Pflanzengesellschaften zu beschreiben. Vielmehr ist die Struktur der belebten und unbelebten Umwelt, unabhängig der jeweiligen Pflanzensozietät, ausschlaggebend für die Habitatwahl.

Ein physiognomisches Merkmal der Vegetationsstruktur sind „Überständer", die in allen Braunkehlchenhabitaten zahlreich sind (Abb. 3.6). Hochwachsende Schilfhalme, Kohldisteln, Rohrkolben, Korbblüter- oder Doldengewächse, aber auch Zaunpfähle, einzeln stehende Büsche, Bäume, Felsquader oder Hochspannungsleitungen werden dabei genutzt. Sie dienen als Anflugstelle zum Nest, Jagdansitz, Singwarte oder Ruheplatz und stellen einen zentralen Faktor bei der Habitatwahl dar. Im alpinen Bereich kommt es bei hoher Brutdichte des Hausrotschwanzes (*Phoenicurus ochuros*) zwischen beiden Arten sogar zu Aggressionen, wenn sie um die gleichen Warten konkurrieren (LABHARDT 1988a).

Singwarten und die Anflugstellen zum Nest müssen die umgebende Vegetation um mindestens 10-20 cm überragen, um von hier aus ihr Revier überblicken zu können und um die Umgebung abzusichern. 250 Warten waren im Mittel 112 cm, maximal etwa 25 m hoch, die bestandsbildende Vegetation überragten sie dabei um durchschnittlich 80 cm (BASTIAN & BASTIAN unpubl.). Für die Wartenwahl ist jedoch weniger ihre absolute Höhe, sondern vielmehr die Höhe über der umgebenden Vegetation maßgeblich, also ihre Exponiertheit (FEULNER 1990). Als Jagdansitz oder als Ruhe- und Übernachtungsplatz reichen niedrigere Stellen, die auch völlig von der umgebenen Vegetation verdeckt sein können.

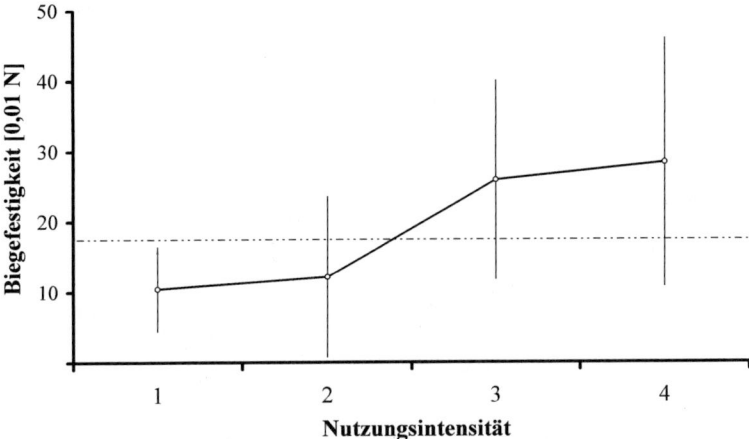

Abb. 3.5: Nur Halme, die häufig genutzt werden (Nutzungsintensität 3 und 4) können das Gewicht von Braunkehlchen (horizontale Linie) tragen, ohne bis in die umgebende Vegetation umgebogen zu werden. Ihre Stabilität ist signifikant höher als die von Halmen, die seltener (Nutzungsintensität 1 und 2) gewählt werden (N = 100; z = 6,141; p < 0,001, Mann-Whitney-U-Test).

Regelmäßig genutzte Warten sind so stabil, daß sie das Gewicht der Vögel (ca. 17 g) tragen, ohne bis in die dichte Vegetation hinab abgebogen zu werden. Dünnere Halme werden deutlich seltener als Sitzwarte ausgewählt (Abb. 3.5). Fliegen Braunkehlchen solch labile Stengel an, „rutschen" sie flatternd den Halm hinab, bis er so steif ist, daß er sie tragen kann. Stauden, die an der Spitze ein Gewicht von durchschnittlich nur 14,4 g (N = 10) aushielten, widerstanden in niedrigerer Höhe 38,1 g (BASTIAN & BASTIAN unpubl.).

Weiträumige strukturarme Wiesen, intensiv genutzte Grünländer, aber auch bestimmte natürliche Biotope (Hochmoore, Großseggenrieder, magerwüchsige Weide- oder Brachflächen) werden selten besiedelt (BASTIAN 1987). Diese Flächen nutzen Braunkehlchen erst dann, wenn durch zusätzliche Strukturelemente die Wartenzahl gesteigert und damit die Ansitzjagd ermöglicht wird. Optimale Jagdhabitate haben etwa 25 Warten/100 m² (OPPERMANN 1991/1992, 1992).

Baumschonungen sind in den ersten Jahren nach der Neupflanzung ideale Bruthabitate für Braunkehlchen. Die jungen Bäume sind noch sehr niedrig und stehen in so lockerem Verband, daß zwischen ihnen freie Bodenstellen einzusehen sind. Braunkehlchen folgen als Brutvogelart in diesen Biotopen unmittelbar den eigentlichen Pioniervogelarten wie Steinschmätzer und

Abb. 3.6: Hochwachsende Distelpflanzen sind bevorzugte Sing- und Jagdwarten. Foto W. GEORGE.

Brachpieper (*Anthus campestris*). Wenige Jahre nach der Neuanpflanzung ist die Sukzession der Baumschonung bereits soweit fortgeschritten, daß die Bäume für sie zu hoch, und vor allem die Vegetation zu dicht geworden ist. Nimmt der Brutbestand in den ersten Jahren nach der Aufforstung noch stetig zu, bricht er jetzt sehr rasch zusammen (BEZZEL & STIEL 1977, Abb. 3.7).

OPPERMANN (1990, 1992) beeinflußte die Nutzung von Flächen, indem er Holzpfähle auf Wiesen setzte, die zu Beginn der Vegetation keine Überstän- der hatten. Einige der Teilflächen, die zuvor nicht von Braunkehlchen genutzt wurden, konnten durch die neuen, künstlichen Warten nun in die Revier- nutzung mit einbezogen werden, jedoch nur solange, wie ein ausreichend hohes Nahrungsangebot vorhanden war. Aus dem gleichen Grund ermögli-

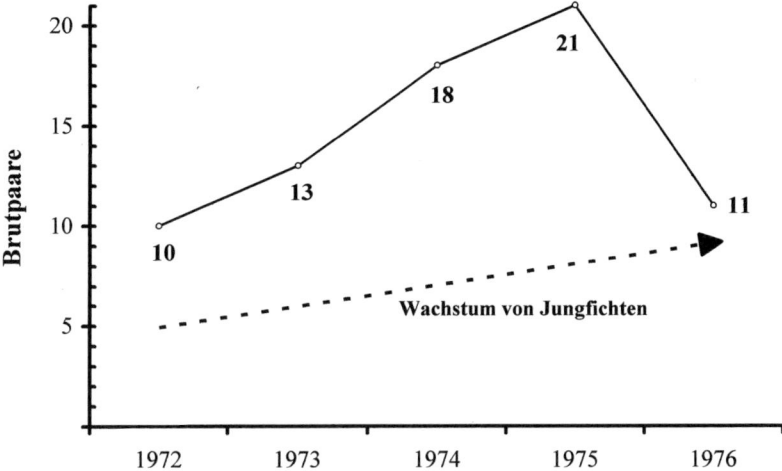

Abb. 3.7: Junge Fichtenschonungen sind ideale Bruthabitate, deren Attraktivität jedoch wieder sinkt, wenn die Bäume nach einigen Jahren zu hoch werden und sie damit dann für Braunkehlchen zu dicht stehen (nach BEZZEL & STIEL 1977).

chen oftmals erst Zäune die Nutzung nahrungsreicher, aber ansonsten strukturarmer Habitate (BASTIAN 1987, MEIER et al. 1973, MÜLLER 1985).

Vertikalstrukturen mit ausreichender Höhe und Biegefestigkeit sind bei der Habitatwahl der Braunkehlchen von entscheidender Bedeutung. Ist die Wartendichte jedoch zu hoch, wird ihr Jagderfolg durch den erhöhten Raumwiderstand sinken und die Attraktivität der Fläche somit gemindert (FEULNER 1995, OPPERMANN 1990, 1992).

Neben dem Angebot an Warten (Abb. 3.6) sind weitere Merkmale der Vegetationsstruktur, insbesondere Schichtung und Deckungsgrad in verschiedenen Höhen über dem Boden, für die Habitatwahl wichtig. In Hochmooren können beispielsweise nur Bereiche mit erhöhter Strukturvielfalt und ausgeprägter Diversität der bis zu 1 m hohen Vegetationsschicht besiedelt werden. Die typische magere Vegetation der Braunkehlchen-Reviere ist meist nur in unmittelbarer Bodennähe dicht. Sie unterscheidet sich zudem in der zeitlichen Vegetationsentwicklung, die gegenüber nährstoffreichen Flächen oft um mehrere Wochen im Verzug ist (Abb. 3.8). In den Save-Auen Kroatiens, wo Braunkehlchen in einer Dichte von bis zu 50 Paaren/10 ha brüten, werden Habitate mit für dortige Verhältnisse relativ hoher Vegetationsdichte (30-60 % in 15 cm Höhe) bevorzugt. Diese sind jedoch deutlich weniger dicht als mitteleuropäische Wiesen (OPPERMANN 1990, 1991/1992, 1992). Gut untersucht ist die Vegetation oberpfälzer Braunkehlchen-Reviere. Dort

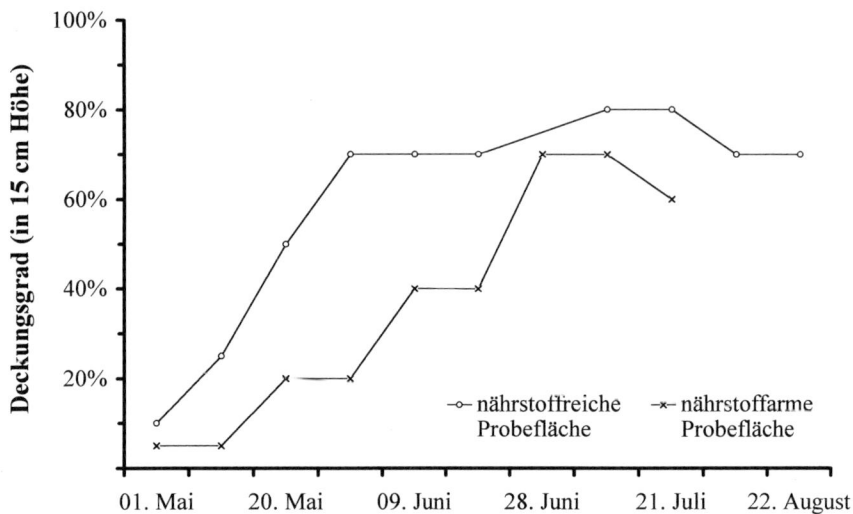

Abb. 3.8: Die Vegetationsentwicklung in Braunkehlchenrevieren auf nährstoffarmen Böden ist gegenüber Revieren auf nährstoffreichen Böden um zwei bis drei Wochen verzögert (nach OPPERMANN 1990).

stehen in 10 cm Höhe im Mittel 2.500-4.000 Halme/m^2, in 20 cm Höhe 800-1.500 Halme/m^2. In 40 cm Höhe dominiert schließlich eine zweite höhere und lockerere Vegetationsschicht, deren Dichte nur 100-200 Halme/m^2 beträgt. In einem Umkreis von bis zu zwei Metern um Jagdwarten ist die Vegetation in Abflugrichtung deutlich, bis zu einem Meter Entfernung zum Teil sogar hochsignifikant (p < 0,05, U-Test) lückiger als in anderen Richtungen, in 10 cm über dem Boden um 28-45 %, in 20 cm um 27-62 % (Abb. 3.9).

Das Nebeneinander kleinparzelliger Vegetationsstrukturen in einer sonst offenen Wiese oder Weide erfüllt nicht nur die Anforderungen an die benötigten Habitatparameter. Mit der Fülle an Mikrohabitaten wird auch sichergestellt, daß eine artenreiche Flora und Invertebratenfauna entsteht. Mit steigender Blumenvielfalt nimmt einerseits der Deckungsgrad in 15 cm Höhe ab (r = 0,581; p < 0,01) andererseits aber auch die Häufigkeit an Invertebraten zu (r = 0,69; p < 0,01; OPPERMANN 1990, 1992). Braunkehlchen sind damit ein „Marker" für eine naturnahe, artenreiche Wiesenbiozönose.

Verbreitungsgrenzen (siehe Kap. 2.2) werden dort erreicht, wo mindestens einer der erforderlichen Parameter fehlt. Im Norden schränken Frost und eine hohe Schneedecke die Verfügbarkeit offener Bodenstellen ein, die zur Nestanlage und zur Jagd benötigt werden. In südlichen Steppenhabitaten kann die Vegetationsdichte so gering werden, daß sie

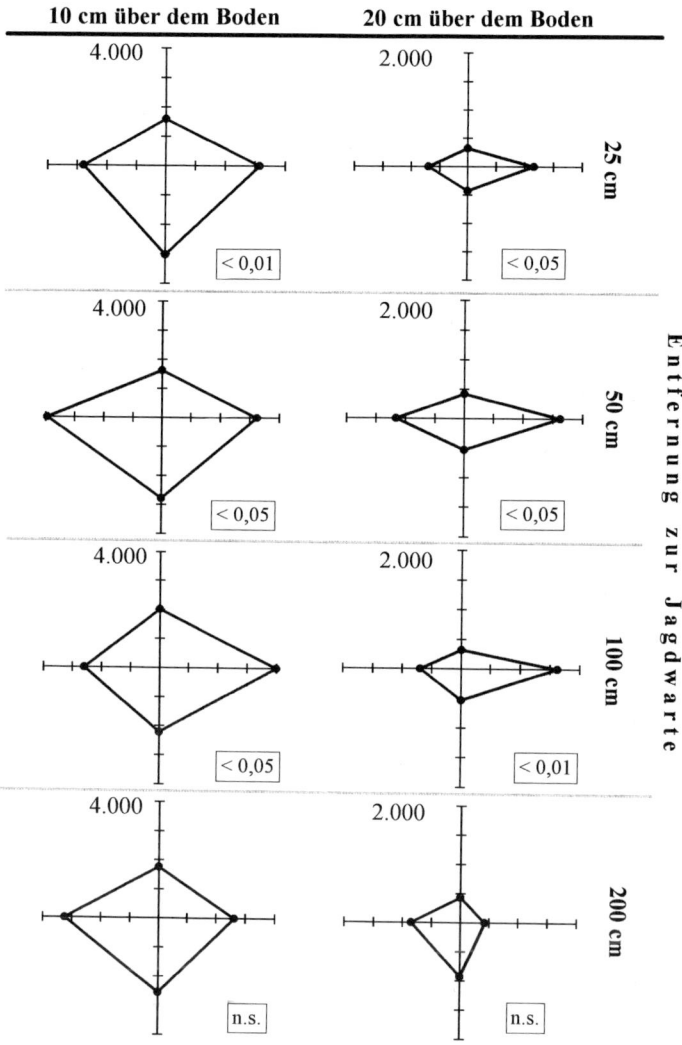

Abb. 3.9: In 25 cm, 50 cm, 100 cm und 200 cm Entfernung von regelmäßig genutzten Jagdwarten wurde die Vegetationsdichte gemessen (10 cm und 20 cm über dem Boden; Dichte angegeben in Halme/m²). Sie ist in Jagdrichtung (vertikale Achsen) weniger dicht als senkrecht zur Vorzugsjagdrichtung (horizontale Achsen). Dargestellt sind Medianwerte von 15 Jagdwarten aus verschiedenen Revieren; Unterschiede der Vegetationsdichten wurden mit dem Mann-Whitney-U-Test auf Signifikanz überprüft.

zwar eine optimale Jagdausbeute garantiert, für eine geschützte Nestanlage jedoch nicht mehr ausreicht. In Industrieländern der Westpaläarktis werden dagegen ehemals natürliche Wiesen inzwischen intensiv bewirtschaftet. Diese Flächen können selbst bei optimaler Nahrungsgrundlage und geeigneten Niststellen von Braunkehlchen nicht mehr genutzt werden, da dort ein ausreichendes Wartenangebot fehlt. Darüber hinaus schränkt auf solchen Flächen der dichte Wuchs dünnlumiger Gräser die Insektenjagd ein.

Auch wenn möglicherweise nicht alle essentiellen Habitatparameter bekannt sind, so stellen unterschiedliche Vegetationsdichten und das Wartenangebot in offener, unverbauter Landschaft Schlüsselfaktoren bei der Bruthabitatwahl dar.

3.2.3 Halbhöhlenbrüter im Gras

Standort: Das Nest befindet sich häufig in einer Gras- oder Schilfbulte, an Grabenrändern, Zaunpfählen, unter großen Blättern von Stauden oder im dichten, bodennahen Filz aus Gräsern, Stauden und Moos (Abb. 3.10, 3.11).

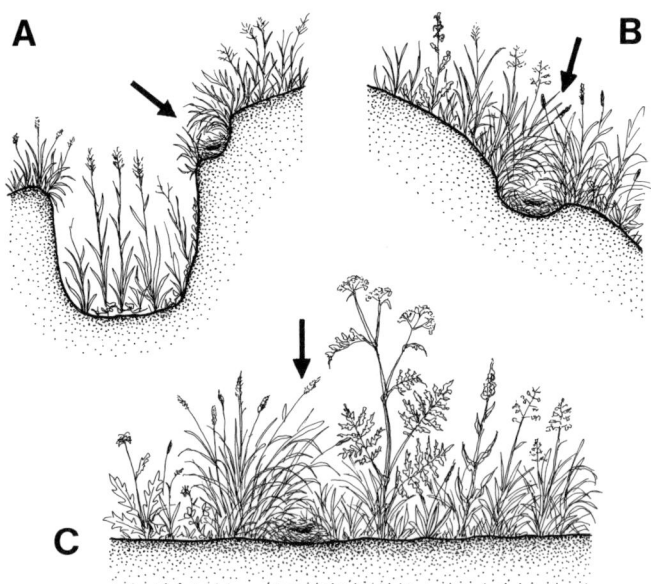

Abb. 3.10: Neststandorte in Grabenböschung (A), in Bodenmulde am Hang (B) und in der Bodenvegetation einer extensiv genutzten Wiese oder Weide. Zeichnung F. MÜLLER nach CATUNEANU 1965 und Skizzen der Autoren.

Abb. 3.11: Fütterndes Weibchen vor dem Nesteingang. Deutlich sichtbar ist auch der tunnelartige Nestüberbau. Foto E. HOYER.

Bei Nestern in Bodenmulden schließt der obere Nestrand mit der Boden-oberfläche ab oder kommt sogar darunter zu liegen. Nur ausnahmsweise sind Braunkehlchen-Nester erhöht. Von 378 in Großbritannien untersuch-ten Neststandorten befanden sich neun 15-30 cm, eines 38 cm über dem Boden und alle übrigen 368 auf Bodenniveau (FULLER & GLUE 1977).

SCHMIDT & HANTGE (1954) vermuten, daß Braunkehlchen die Nähe einzeln stehender Bäume und Büsche für den Neststandort gezielt aufsuchen. Un-serer Meinung nach wird das Nest jedoch meist inmitten offener Wiesen-landschaften angelegt, ohne sichtbares Ausnutzen von Geländemarken. Auf Intensiv bewirtschafteten Flächen mit großflächig einheitlichem Wirtschafts-pflanzenbewuchs ist die Nistplatzwahl meist zufällig. Nur wenn Graben- oder Wegböschungen inmitten dieser Wiesen verlaufen, werden sie für die Nest-anlage bevorzugt ausgewählt. Die Nester werden so in Höhlungen von Böschungsrändern gebaut, daß sie selbst bei einer frühzeitigen Mahd ge-schützt sind. In einem Fall überstanden Nest und gerade schlüpfende Nest-linge sogar einen Flächenbrand unbeschadet (HOPE & PIPE 1961). Auf Vieh-weiden ist der Weidezaun ein zentrales Element für die Nistplatzwahl der Braunkehlchen (BASTIAN 1987). Im Elbvorland Lüchow-Dannenbergs befinden sich, mit steigender Tendenz, mehr als 50 % der Nester an Zäunen, bei Korbach wurden 12 von 14 Nester an Zaunpfählen angelegt (KUPRIAN 1979, MEIER et al. 1973). Mit entscheidend für die Nistplatzwahl ist auch, daß in ein bis zwei Meter Entfernung zum Nest eine niedrige, maximal zwei Meter hohe Warte steht. Diese fliegen die Vögel regelmäßig an und sichern von hier aus die Umgebung ab, ehe sie auf das Nest gehen. Unmittelbar am Nesteingang ist die Vegetation mit etwa 1.800 Halmen/m² (in 10 cm Höhe) auffallend lückig. Ansonsten zählt der Nestbereich in einem Radius von bis zu zwei Metern mit zum Teil über 5.500 Grashalmen/m² in 10 cm Höhe zu den dichtwüchsigsten Zonen im gesamten Territorium. Damit unterscheiden sich Braunkehlchen deutlich vom Steinschmätzer, der an Stellen mit auffallend geringer Vegetationsdichte nistet und sein Nest zum Schutz vor Plünderung deswegen meist unter Steinen baut (ZAMORA 1990).

Struktur und Maße: Das Nest besteht überwiegend aus Halmen verschiedener Gräser, aus Moos, Tierhaaren und Blattresten. Zur Auspolsterung dienen Moosstücke und weiche Grashalme; Federn und Blätter werden nur selten verwandt. Die Stabilität des mit dem Untergrund verwobenen Nestbodens ist so hoch, daß selbst ein überbautes, möglicherweise in Legenot verfrüht gelegtes Ei die Brutzeit in einem Hohlraum im Nestboden unversehrt überstand (WANGELIN 1893). Die Nestmulde ist rund bis oval mit einem Durchmesser von 10-15 cm, der innere Muldendurchmesser mißt etwa 6 cm. Die Höhe der Nestmulde beträgt ca. 5 cm, variiert aber je nach Neststandort sehr. Die Wandstärke ist in Anpassung an die kalten Umgebungstemperaturen in Nord-Skandinavien erhöht (LENNERSTEDT 1964).
Braunkehlchennester haben meist einen nach oben hin abschließenden, dichten Überbau aus Staudenblättern, Grasbüscheln oder Wurzelwerk. Dadurch entsteht eine Bodenhöhle mit üblicherweise seitlichem Ausgang. HORSTKOTTE (1962) nannte Braunkehlchen deswegen auch „Bodenhalbhöhlenbrüter". Eine Vorzugsrichtung des Nesteinganges gibt es nicht, sie orientiert sich vielmehr an lokalen Gegebenheiten; eine direkte Sonneneinstrahlung wird jedoch vermieden. In Richtung zum Nest kann die Vegetation durch den regelmäßigen An- und Abflug der Altvögel herabgedrückt werden, so daß ein Gang von durchschnittlich 8 cm Länge entsteht. PARKER (1990) schreibt, daß der Nestzugang während der Brut durch nachwachsende Pflanzen zu einem „Tunnel" überbaut wird (Abb. 3.11).

Neststandorte in Gefahr: Die wichtigsten Bruthabitate des Braunkehlchens, naturnahe Wiesen, sind durch ein reich strukturiertes Bodenprofil und eine vielgestaltige Vegetation charakterisiert. Eine auf höchste Erträge ausgerichtete Landwirtschaft nivelliert mit Walzen und anderen schweren Maschinen dieses Bodenprofil und zerstört damit mögliche Neststandorte in Wiesenbulten. Starker Düngereinsatz reduziert zudem die Pflanzenvielfalt und regelmäßige Mahd unterbindet die Ausbildung eines Vegetationsfilzes. Durch diese intensive Wiesenbewirtschaftung wird demnach nicht nur die Habitatqualität vermindert, sondern es werden vor allem auch potentielle Nistplätze vernichtet.

3.2.4 Nur eine Jagdstrategie ist zu wenig

Neben geeigneten Neststandorten müssen Bruthabitate über ein vielfältiges Nahrungsangebot verfügen, das mit dem arttypischen Jagdverhalten der Braunkehlchen erschlossen werden kann. Zur Nahrungssuche wählen Braunkehlchen vor allem lückige Bestände, die unter anderem dort entstehen, wo im zeitigen Frühjahr Wasser lange ansteht, ein Bewuchs daher unterdrückt wird und das Pflanzenwachstum somit erst spät im Jahr beginnen kann. Aber auch entlang von Gräben, Feldwegen und Zäunen jagen sie häufig. Sogar abgemähte Intensivwiesen und wenig befahrene Straßen werden als Jagdhabitat mit genutzt, da auf diesen Flächen die am Boden lebenden Invertebraten leicht auffallen. In der Westschweiz wurden von 541 Jagdflügen 69 % in der niedrigsten Vegetation durchgeführt (MÜLLER 1985).

Als Anpassung an ein Leben in solchen „zweidimensionalen" Wiesenbiotopen sowie an Habitate mit oftmals rauher oder zumindest wechselnder Witterung, haben Braunkehlchen eine Vielfalt verschiedener Jagdstrategien entwickelt. Sie erbeuten sowohl Fluginsekten als auch am Boden oder an Pflanzen lebende Arthropoden. Vögel, die sich nahezu ausschließlich auf die Luftjagd spezialisiert haben (z. B. Fliegenschnäpper), leben in Habitaten mit einer ausgeprägten Strauch- und Baumschicht. Fluginsekten sind hier häufig und können von Bäumen bis in großer Höhe erbeutet werden. In offenen Wiesenlandschaften reicht eine ausschließliche Jagd nach Fluginsekten jedoch nicht aus, da die Insektendichte des freien Luftraums sehr viel geringer ist als in Biotopen mit einer stark ausgeprägten Vertikalstrukturierung. Hier ist es erforderlich, zusätzlich mit anderen Strategien am Boden oder an Pflanzen lebende Tiere zu erbeuten. Braunkehlchen sind dadurch auch hinsichtlich der Verfügbarkeit von Nahrung relativ unempfindlich gegenüber kühl-feuchter Witterung, was ihnen, wie dem Steinschmätzer, ein Brüten unter subpolaren Bedingungen ermöglicht.

Jagdflüge starten und beenden Braunkehlchen meist von einem erhöhten Sitzplatz (Abb. 3.12). Die trotz aller Vielfalt am besten bekannte, doch zumindest lokal nicht häufigste Jagdstrategie ist die Luftjagd („fly catching"), bei der die Vögel nach Art der Fliegenschnäpper Insekten aus der Luft fan-

Abb. 3.12: Braunkehlchen fixieren Bodenarthropoden häufig von einer Warte (50-150 cm über dem Boden) aus. Nach der Jagd fliegen sie zur Warte zurück, können aber auch am Boden weiterjagen. Zeichnung F. MÜLLER nach Skizzen der Autoren.

Abb. 3.13: Im Schwirrflug werden Insekten von Blättern und Halmen abgesammelt. Foto E. HOYER.

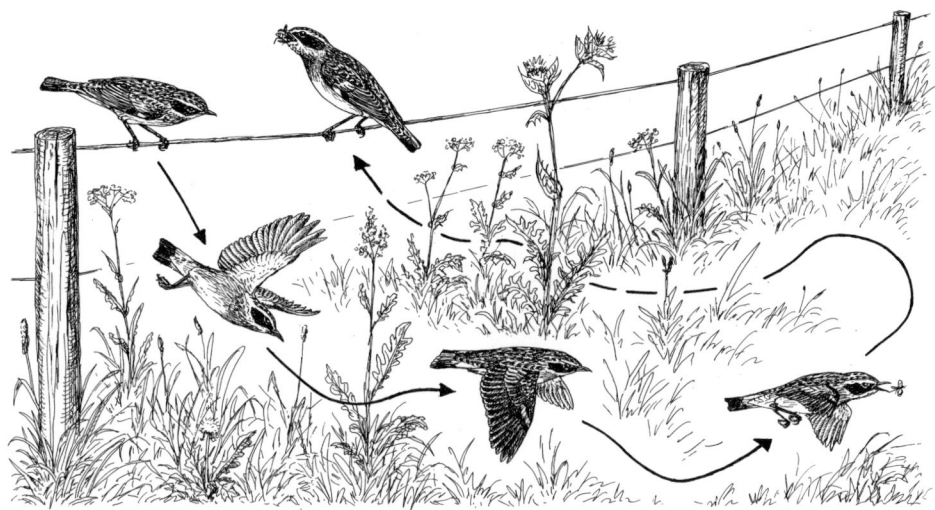

Abb. 3.14: Niedrig über dem Boden jagen Braunkehlchen durch die Vegetation, um Beutetiere aufzuscheuchen, die sie dann blitzschnell erbeuten. Bestimmte besonders insektenreiche Stellen werden auf diesen Jagdflügen wiederholt abpatrouilliert. Zeichnung F. Müller nach Skizzen der Autoren.

gen. Sie können dabei Beutetiere bis in einer Entfernung von etwa 30 m erkennen und gezielt erbeuten (Bastian et al. 1987). Ein weiteres sehr flugintensives Verhalten ist die Schwirrflugjagd („hovering"), bei der sie, wie ein Kolibri, in der Luft stehen und Insekten von Blättern und Zweigen abklauben (Abb. 3.13). Sehr häufig jagen Braunkehlchen aber auch in Bodennähe. Die gezielte Erbeutung eines Insekts am Boden von einer Warte aus („hawking") entspricht in Art und Ablauf der Luftjagd, nur daß das Ziel hierbei ein bodenlebendes Tier, ein Käfer, eine Spinne oder Raupe ist. Gelegentlich jagen sie auch „zu Fuß", wobei sie sich dabei hüpfend fortbewegen (Abb. 3.12) und so lokale Insektenhäufungen besonders gut nutzen können. Kaum Erwähnung hat bisher ein Jagdverhalten gefunden, das als „flush-pursue" von Remsen & Robinson (1990) beschrieben wurde und im deutschen gut als „Jagdflug" wiedergegeben werden kann. Braunkehlchen fliegen dabei mit hoher Geschwindigkeit dicht über dem Boden, bevorzugt entlang von Gräben, Vegetationsschneisen oder zwischen Bulten (Abb. 3.14). Dieses Jagdverhalten wird wahrscheinlich deswegen selten beobachtet, weil es sich „in" der Vegetation abspielt und die Vögel dabei nur sehr schwierig beobachtet werden können. Sie tauchen an einer Stelle in die Vegetation ein und manchmal erst nach 10-20 Sekunden und bis zu 100 m weit entfernt wieder auf.

Bestimmte Flugwege werden dabei öfters genutzt. Es ist wahrscheinlich, daß durch diese Jagdflüge versteckte Arthropoden aufgescheucht und blitzschnell erbeutet werden.

3.2.5 Arthropoden – Angebot und Auswahl

Braunkehlchen decken ihren Energiebedarf dadurch, daß sie relativ wenige, dafür aber große Tiere jagen. Diese Präferenz beeinflußt sogar die Bruthabitatwahl. Auf Wiesen, die von Braunkehlchen besiedelt sind, sind große Insekten im allgemeinen häufiger als auf unbesiedelten Flächen (BASTIAN et al. 1994).

Adulte Vögel bevorzugen Beutetiere mit einer Körperlänge zwischen 7 und 15 mm, was vom Angebot der meist kleineren Wiesenarthropoden deutlich abweicht (Abb. 3.15). Tiere unter 5 mm, aber auch über 20 mm Körperlänge spielen für ihre Ernährung nur eine untergeordnete Rolle, so daß über 75 % des Nahrungsangebotes kaum genutzt wird. Nur in den ersten Lebenstagen sind sehr kleine Beutestücke nötig (REBSTOCK & MAULBETSCH 1988a, SCHMIDT & HANDTGE 1957, STEINFATT 1937), denn bereits nach 7-10 Tagen können Braunkehlchen bis zu 10 mm große Arthropoden aufnehmen. Mit einer Körperlänge von 35-50 mm zählen Maulwurfsgrillen (*Gryllotalpa gryllotalpa*) zu den größten nachgewiesenen Beutetieren, die an Nestlinge verfüttert wurden (KUZ'MENKO 1977, OGGIER 1983).

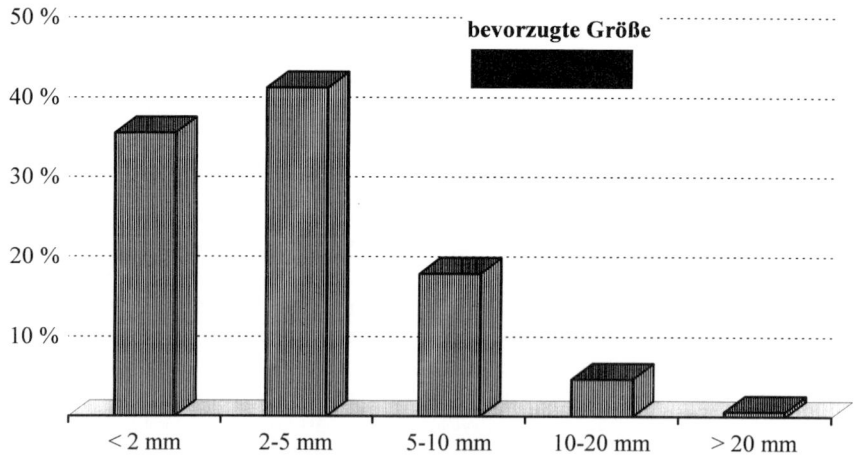

Abb. 3.15: Selektive Nahrungswahl; Braunkehlchen bevorzugen Beutetiere mit einer Größe von 7 bis 15 mm, so daß sie den Großteil des Nahrungsangebotes wenig nutzen (nach BASTIAN et al. 1994, LABHARDT 1988c, OPPERMANN 1990, 1992).

Im Nahrungsnetz einer Wiesen-Biozönose gelten Braunkehlchen als Konsumenten 2. Ordnung. Sie ernähren sich in weit überwiegendem Maße von wirbellosen Tieren, von *Coleoptera*, *Diptera*, *Hymenoptera*, *Lepidoptera*, *Araneae* sowie seltener von *Saltatoria*, *Hemiptera* und *Lumbricidae*. Beeren sind nur zur Zugzeit von Bedeutung (siehe Kap. 3.3.1). Regelmäßig werden einzelne Gehäuseschnecken aufgenommen, möglicherweise, um den erhöhten Kalkbedarf während der Eiproduktion auszugleichen. In Gefangenschaft konnten Braunkehlchen mit einem Gemisch aus Eigelb, Trockenfutter, Bienenhonig, Eigelb, Quark, feingeriebenen Äpfel und Möhren sowie einigen Mehlwürmern und Ameisenpuppen gehalten und zur Nachzucht gebracht werden (STÖBENER 1977, UNFRICHT 1969).

Die Zusammensetzung der Nahrung von Jung- und Altvögeln unterscheidet sich erheblich (Abb. 3.16). *Hymenoptera*-Larven machten auf einer Bergfettweide in den Waadländer Voralpen mit 36,3 % den größten Anteil in der Nestlingsnahrung aus, in der Adultnahrung waren sie mit etwa 20 % deutlich seltener vertreten. Dagegen gehörte etwa jedes Dritte von Altvögeln

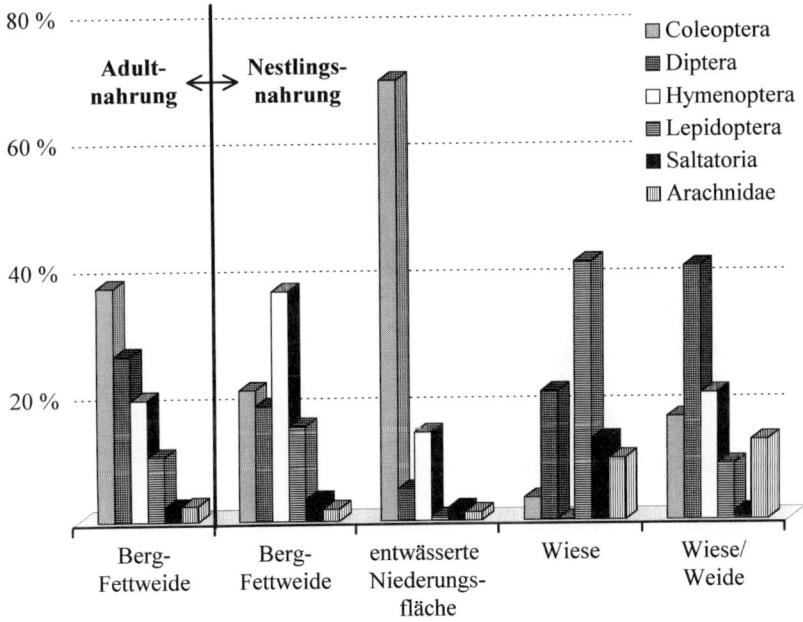

Abb. 3.16: Die Adult- und Nestlingsnahrung einer Population (Berg-Fettweide; LABHARDT 1988c, MÜLLER 1985) unterscheidet sich deutlich voneinander. Darüber hinaus spiegelt die Nahrungswahl auf unterschiedlichen Biotopen auch das jeweilige Arthropodenangebot wider (KUZ'MENKO 1977, SCHMIDT 1972, STEINFATT 1937).

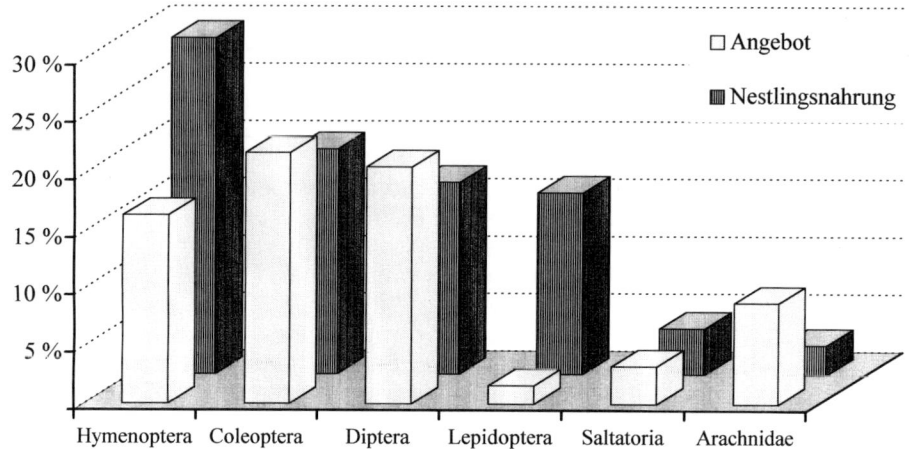

Abb. 3.17: *Hymenoptera* und vor allem *Lepidoptera* werden in der Nestlingsnahrung bevorzugt gefangen, während sie das große Spinnenangebot überwiegend meiden (nach BASTIAN et al. 1994, KUZ'MENKO 1977, LABHARDT 1988c, MÜLLER 1985, OPPERMANN 1992, STEINFATT 1937).

gefangene und verzehrte Nahrungstier zu den *Coleoptera*, die in der Adult-nahrung dominierten, ihrerseits in der Nestlingsnahrung aber nur 21 % aus-machten (LABHARDT 1988c, MÜLLER 1985).

Der Vergleich des Nahrungspotentials verschiedener Wiesen mit der Zusammensetzung der Nestlingsnahrung belegt, daß nur die relativen Häu-figkeiten erbeuteter *Coleoptera*, *Diptera* und *Saltatoria* dem Angebot weit-gehend entsprachen. *Hymenoptera* waren in der Nestlingsnahrung doppelt so häufig vertreten, der Anteil der *Lepidoptera* lag sogar zehnmal höher, Spinnen wurden dagegen seltener verfüttert, als es dem Angebot entsprach (Abb. 3.17).

3.2.6 Kernpunkt Nahrungsversorgung

Raupen bevorzugt: Wieso sind *Hymenoptera* und *Lepidoptera* für Nestlin-ge so interessant? Von beiden Tierordnungen werden hauptsächlich deren Raupen verfüttert (Abb. 3.18). LABHARDT (1988c) fand, daß von den verfüt-terten *Hymenoptera* nahezu 85 % Blattwespenlarven (*Tenthredinidae*) wa-ren. Raupen sind für die Ernährung von Braunkehlchen aus mehreren Grün-den vorteilhaft. Sie sind in der Vegetation leicht auszumachen und, da sie sich relativ langsam fortbewegen, mit geringem Energieaufwand zu erbeu-ten. Zudem lassen sich leicht mehrere Raupen gleichzeitig zum Nest tra-

Abb. 3.18: Raupen von Schmetterlingen und Hautflüglern sind bevorzugte Beutetiere. Foto W. GEORGE.

gen. Die physiologische Verwertbarkeit ist auf Grund des geringen Chitinisierungsgrades höher als z. B. die von Käfern und Heuschrecken. Darüber hinaus treten Raupen lokal in hohen Dichten auf. Braunkehlchen fliegen Stellen, an denen Nahrungstiere gehäuft vorkommen (z. B. auch schwärmende Käfer oder Ameisen), wiederholt an (BASTIAN & BASTIAN unpubl., ROER 1957) und minimieren damit den Zeit- und Energieaufwand für die Nahrungssuche (ANDERSSON 1981).

Opportunistische Nahrungssuche: Mit Ausnahme der Vorliebe für weichhäutige Insektenlarven reflektiert die Zusammensetzung der Nestlingsnahrung ansonsten das Angebot und die Erreichbarkeit von Beutetieren und ist damit je nach Habitat und Umgebung unterschiedlich (Abb. 3.16). Auch Witterungsänderungen können die Verfügbarkeit bestimmter Insekten beeinflussen, worauf Braunkehlchen mit Umstellungen in der Nahrungswahl und Jagdstrategie reagieren oder ihre bevorzugten Jagdgebiete verlagern (SACHER 1993). Braunkehlchen, die an warmen Tagen vorwiegend *Lepidoptera* und *Saltatoria* jagen, weichen bei kühlem, regnerischem Wetter vermehrt auf

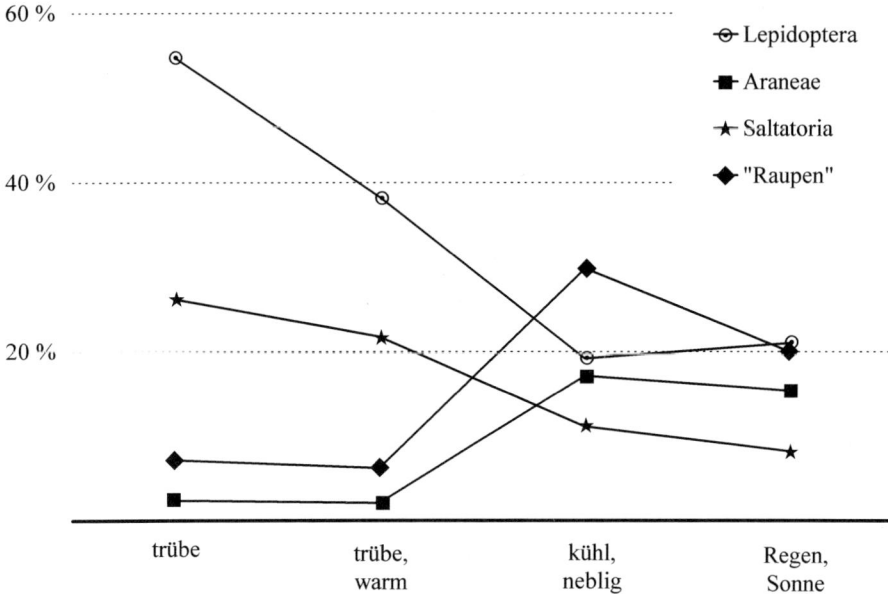

Abb. 3.19: Veränderung der Zusammensetzung der Nestlingsnahrung bei unterschiedlichen Witterungen (nach STEINFATT 1937).

Spinnen und Raupen aus (STEINFATT 1937; Abb. 3.19). Schmetterlinge und Heuschrecken reduzieren bei diesen Witterungsverhältnissen ihre Aktivität und leben sehr versteckt, so daß die gezielte Suche nach ihnen mit einem sehr großen Aufwand verbunden ist. Grundsätzlich haben Braunkehlchen aber das Ziel, den Jagdaufwand durch eine opportunistische Nahrungssuche so gering wie möglich zu halten. Dies zeigt sich auch darin, daß die Dauer der Jagd an einem Ort mit der Entfernung vom Nest abnimmt („central place foraging"; ANDERSSON 1981, ARONSON & GIVNISH 1983). Nur wenn für das Erbeuten einer energiereichen Beute wenig Zeit benötigt wird, lohnt es sich, dafür auch weit zu fliegen. Dann legen Braunkehlchen aber sogar bis zu mehreren Hundert Metern zurück, um solche hochprofitablen Jagdräume zu nutzen. So wurde eine Stelle, an der eine bestimmte Schmetterlingsraupe häufig war, über eine Distanz von etwa 400 m mindestens zehnmal hintereinander gezielt angeflogen. Der Flug war zwar sehr aufwendig, die eigentliche Jagd dauerte aber immer nur kurze Zeit, ehe die Vögel, stets mit mehreren Raupen im Schnabel, wieder zurückflogen (BASTIAN & BASTIAN unpubl.). Bei jedem Anflug zum Nest transportieren sie durchschnittlich 1-2,6 Beutetiere (LABHARDT 1988c).

Abb. 3.20: Braunkehlchen haben beiderseits des Schnabels zwischen 3 und 5 zu Vibrissen umgebaute Federn, die als Tast"haare" bei der Jagd eine Rolle spielen. Zeichnung F. MÜLLER.

Die Fähigkeit, ein vielfältiges Nahrungsspektrum optimal auszunutzen, spiegelt sich auch in der Morphologie der Braunkehlchen wider. Der Schnabel ist spitz, wenngleich er innerhalb der *Turdidae* noch der breiteste ist, so daß sowohl kleine als auch größere Tiere erbeutet werden können (BAIRLEIN 1981). Die Fußmorphologie erlaubt es ihnen, sowohl am Boden zu jagen als auch vertikale Pflanzenhalme zu nutzen. Bei der Jagd auf fliegende Insekten scheinen schließlich die gut ausgeprägten Vibrissen (Abb. 3.20) eine Rolle zu spielen, deren Länge und Zahl eventuell zur Beutegröße in Beziehung steht.

Flugjagd oder Bodenjagd? Für Jagdflüge in der Vegetation oder in der Luft sowie für Schwirrflüge wenden Braunkehlchen, wie andere Wartenjäger auch, viel Energie auf, so daß sie, um einen Netto-Energiegewinn zu erzielen, große Beutetiere fangen müssen. Sie zählen bezüglich der Beutetierarten zu den Generalisten, hinsichtlich der bevorzugten Beutetiergröße sind sie aber Spezialisten (Abb. 3.15). Die Präferenz großer, aber relativ seltener Arthropoden setzt eine Optimierung des Jagdverhaltens voraus, das bei Braunkehlchen sowohl den Luftraum als auch den Boden mit einbezieht. Die häufigen Jagden am Boden lassen freilich grundsätzlich die Frage offen, weswegen Braunkehlchen überhaupt die energetisch viel aufwendigerere Luftjagd betreiben.

Um zu entscheiden, ob es lohnt, eine bestimmte Beute zu jagen, muß der Energiegehalt des Beutetieres, seine Häufigkeit, Sichtbarkeit, Verwertbarkeit bzw. der Chitinisierungsgrad sowie das Fluchtverhalten und die Wehrhaftigkeit ("handling") berücksichtigt werden. Die Sichtbarkeit und Aktivität ist bei verschiedenen Insektenordnungen in unterschiedlichem Maße tem-

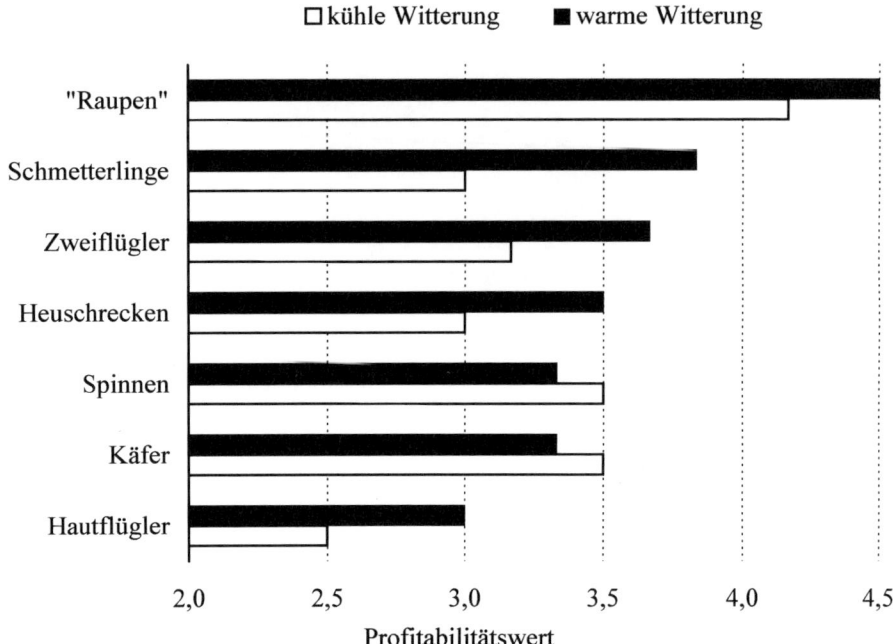

Abb. 3.21: Profitabilität verschiedener Arthropoden. Für jede Gruppe wurde der Energiegehalt, Chitinisierungsgrad, die Häufigkeit, Sichtbarkeit, Wehrhaftigkeit und das Fluchtverhalten der Tiere in einer 3-6stufigen Klassifizierung bewertet. Rangwert 1 steht immer für einen sehr geringen Beitrag zur Gesamtprofitabilität. z.B. Chitinisierung = 1: sehr starke Chitinisierung, Beutetiere müssen mit hohem Energieaufwand vorbehandelt werden; Häufigkeit = 1: sehr seltene Beutetiere. Die errechneten mittleren Profitabilitätswerte (max. 5) unterscheiden sich wegen unterschiedlicher Sichtbarkeit und Fluchtverhaltens der Beutetiere bei warmer (schwarze Säulen) und kühler Witterung (weiße Säulen).

peraturabhängig und muß in einer Modellbetrachtung somit differenziert analysiert werden. Nach Bewertung der Faktoren durch eine 3-6stufige Klassifizierung konnte die Profitabilität der verschiedenen Insektenordnungen bei warmer und kühler Witterung geschätzt werden (Abb. 3.21). Danach sind „Raupen" für Braunkehlchen stets am besten geeignet. Imagines von *Lepidoptera* und *Diptera* sind als ausgesprochene Fluginsekten insbesondere bei warmer Witterung attraktiv, bei niedriger Umgebungstemperatur treten dagegen mehr die am Boden lebenden Käfer und Spinnen in den Vordergrund. Unter gleichen Umweltbedingungen ist ihre Profitabilität jedoch niedriger als die von Raupen, vor allem wegen der aufwendigen

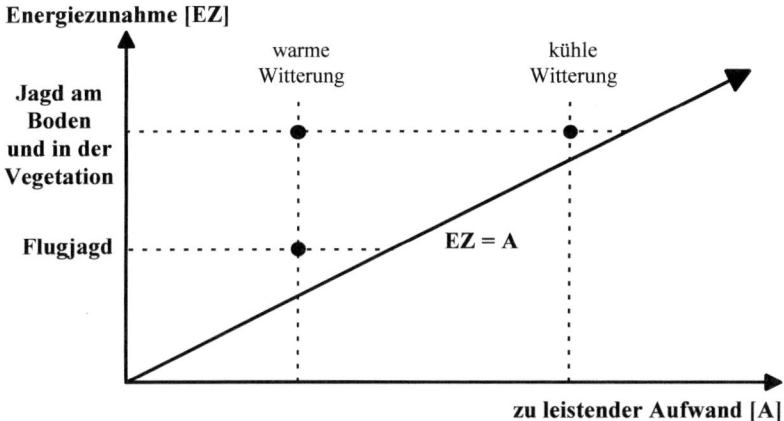

Abb. 3.22: Die Jagd am Boden und in der Vegetation erschließt ein Beutetierspektrum (u.a. Raupen, Käfer, Spinnen), das hochprofitabel ist und das damit trotz des höheren Aufwandes bei kühler Witterung noch einen ausreichend hohen Energiezuwachs garantiert (EZ > A). Die Flugjagd lohnt sich dagegen nur bei warmer Witterung, wenn Schmetterlinge und andere Fluginsekten in hoher Dichte fliegen. Bei kühler Witterung wäre der Aufwand zu hoch, die dann nur sehr vereinzelt fliegenden Beutetiere gezielt zu jagen (EZ < A). Dieses einfache Modell erklärt sehr gut die witterungsbedingt unterschiedlichen Jagdstrategien.

„Vorbehandlung". Käfer und Heuschrecken werden vor dem Verschlucken mehrfach auf feste Unterlagen geschlagen, um sie zu töten und in einigen Fällen auch, um besonders große Beutetiere zu zerteilen. Bei Raupen und Schmetterlingen tritt diese Verhaltensweise ebenfalls auf, doch in einer geringeren Intensität. Dipteren sind bei günstiger Witterung vor allem auf Grund ihrer Häufigkeit geeignete Ziele einer Luftjagd, wegen der meist niedrigen Körpermasse sind aber nur große Arten profitabel.

Der hohe Aufwand einer Luftjagd lohnt sich diesem Modell entsprechend nur bei warmer Witterung, ansonsten ist der Energieaufwand für die Suche nach den energetisch zwar hochwertigen, bei niedrigen Temperaturen aber sehr versteckt lebenden, weitgehend inaktiven Fluginsekten zu hoch.

Auf Basis dieser Profitabilitätsbewertungen leitet sich ein Modell ab (Abb. 3.22), nach dem Braunkehlchen grundsätzlich häufiger am Boden jagen als in der Luft, da die Bodenjagd weitgehend temperaturunabhängig ist und somit bei allen Witterungen eingesetzt werden kann. Bei sinkenden Umgebungstemperaturen sollte der Anteil der Luftjagden stetig abnehmen und als Ausgleichsstrategie mehr Bodenarthropoden erbeutet werden.

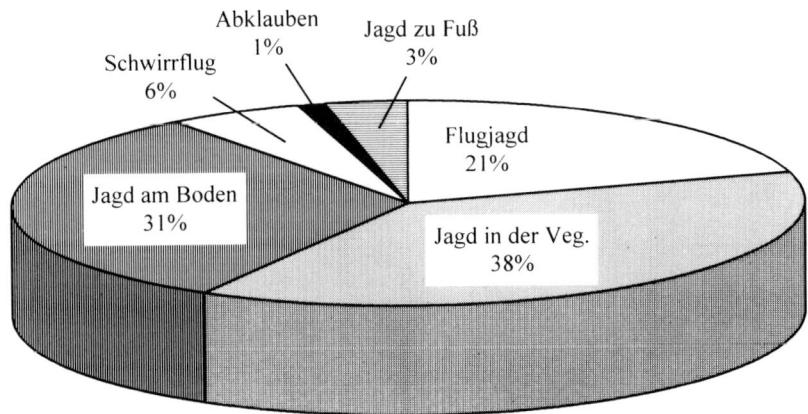

Abb. 3.23: Häufigkeit verschiedener Jagdstrategien; Basis: 608 ausgewertete Jagdflüge.

Von 608 Jagden fanden die meisten in der Vegetation statt (N = 232). 190mal
jagten sie am Boden (31 %), es wurden aber nur 125 Luftjagden (21 %)
beobachtet. Luftjagden waren damit in der Tat um etwa ein Drittel seltener
als Jagdflüge zum Boden. Die übrigen Jagdstrategien, wie Schwirrflug, Jagen zu Fuß am Boden und Abklauben von Insekten von Zweigen und Blättern, nahmen mit insgesamt nur 10 % aller Jagden eine untergeordnete
Stellung ein (Abb. 3.23).
  Entsprechend der Vorhersage des Modells nahmen mit steigender Temperatur Luftjagden kontinuierlich zu, von 5 % bei unter 14°C bis zu 30 % bei
über 20°C (p < 0,001, Chi^2-Test, Abb. 3.24). Von überwiegender Luftjagd
an sonnigen Tagen berichten auch REBSTOCK & MAULBETSCH (1988a), SCHMIDT
& HANTGE (1954) und STEINFATT (1937). In gleichem Maße wie Luftjagden
zunahmen, wurden solche am Boden seltener, von 49 % bei unter 14 °C bis
zu 13 % bei Temperaturen von über 20 °C (p < 0,001, Chi^2-Test). Bei kühler
Witterung kompensieren demnach tatsächlich Jagden am Boden die stetig
seltener werdenden Flugjagden. Überraschend hoch waren die Anteile der
Jagdflüge in der Vegetation, die temperaturunabhängig 32 % bis 44 % aller
Jagden ausmachten (Abb. 3.24). Daß diese energetisch sehr aufwendige
Jagdstrategie derart häufig eingesetzt wird, beruht möglicherweise auf einer Koadaption der Braunkehlchen an das Fluchtverhalten ihrer Beutetiere.
  An Blätter fressende Raupen entkommen Räubern, die sie von oben erbeuten wollen dadurch, indem sie sich in die Vegetation „fallen" lassen. Flie-
gen Vögel jedoch niedrig über dem Boden, sozusagen „in" der Vegetation,

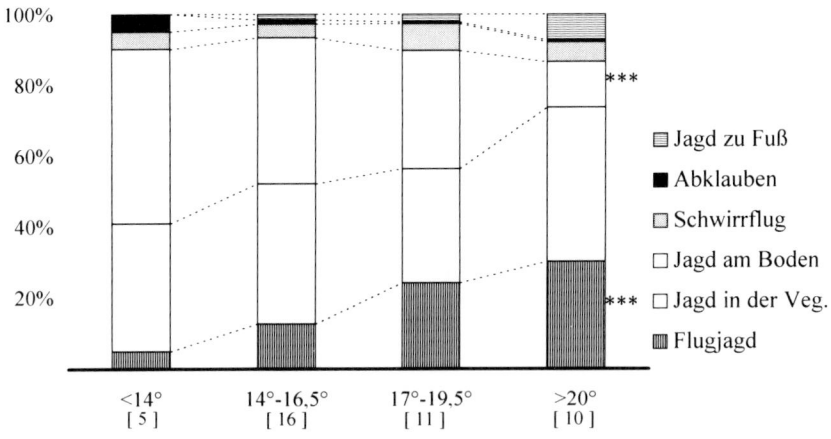

Abb. 3.24: Temperaturbedingt unterschiedliche Häufigkeit verschiedener Jagd-strategien. Die Jagd am Boden nimmt mit steigender Temperatur signifikant ab, die Flugjagd entsprechend zu (***: $p < 0,001$; Chi^2-Test). In [ ] ist die Anzahl der untersuchten Vögel angegeben.

so können sich Raupen durch diesen angeborenen Fluchtreflex nicht schützen, sie fallen vielmehr erst recht auf. Ein darauf ausgerichtetes Jagd-verhalten, wie es die Jagdflüge der Braunkehlchen in der Vegetation sind, ist demnach sehr gut geeignet, diese hochwertigen und bevorzugten Nahrungstiere leichter zu erbeuten.

Minimumfaktor Nahrung: Für den Fortbestand einer Braunkehlchen-population ist ein vielfältiges Nahrungsangebot in nicht zu großer Entfer-nung zum Nest zwingend erforderlich, das zudem die gesamte Brutzeit über verfügbar sein sollte. Es muß gewährleistet sein, daß die Vögel bei allen Witterungen in kurzer Zeit ausreichend Nahrung aufnehmen können. Tatsäch-lich ist ein unzureichendes Nahrungsangebot sehr viel häufiger Ursache für Bestandsrückgänge als beispielsweise fehlende Neststandorte oder ein zu großer Feinddruck. Die effektive Nutzung der Nahrungshabitate hängt ne-ben der Verfügbarkeit und Sichtbarkeit von Arthropoden vor allem auch von einer lückigen Vegetation und einem ausreichend großen Wartenangebot ab.

3.3 Anforderungen an Rast- und Winterhabitate

3.3.1 Zum Rasten auch auf Äckern und am Schilf

Sieben Monate des Jahres verbringen Braunkehlchen außerhalb der Brutgebiete. Sie legen in dieser Zeit als Weitstreckenzieher mit einer Winterverbreitung im tropischen und südlichen Afrika etwa 20.000 km zurück. Während der Zugzeit wählen die Vögel Rasthabitate aus, in denen sie rasch und vor allem ausreichend viel energiereiche Nahrung finden.

Die Ansprüche an diese Lebensräume scheinen auf den ersten Blick gering zu sein, findet man Braunkehlchen während des Zuges doch an Stellen, die sie wenige Wochen zuvor während der Brut noch mieden. Schon NAUMANN (1820) schrieb, daß er Braunkehlchen nach dem Ende der Brut und während des Zuges z. B. auf Kohl- und Kartoffeläckern fand. Auch Hochmoorflächen und selbst Bergwiesen der alpinen Stufe bis über 3.000 m Höhe werden dann genutzt.

Gleichwohl ist die Auswahl der Rastbiotope sehr präzise. BAIRLEIN (1981) fing auf der Mettnau, einem traditionellen Rastgebiet am Bodensee, Braunkehlchen zu über 90 % auf Pfeifengraswiesen oder Schilfflächen mit einzelnen Faulbäumen, also auf freien Flächen. Gebüsche, Waldränder oder Hochschilf wurden gemieden. Hinsichtlich der Habitatwahl standen sie dabei überraschenderweise den Rohrsängern (*Acrocephalus*) nahe, mit der Tendenz zur intensiveren Nutzung des landseitigen und somit relativ lockeren Schilfrandes. Ähnlich wie Blaukehlchen (*Luscinia svecica*), Blaumeise (*Parus caeruleus*) und Rohrammer scheinen sie den Schilfbereich durch kurze Flugmanöver zu erschließen und nicht wie die Rohrsänger und Schwirle (*Locustella*), die mehr klettern und laufen (BAIRLEIN 1981). Auch in britischen Rastbiotopen bevorzugen Braunkehlchen Flächen mit niedriger Vegetation (DUCKWORTH 1994).

Nach Abschluß der Brut werden demnach weiterhin offene Habitate ausgewählt, wobei es diesmal allerdings weniger auf die Strukturvielfalt der Vegetation, als vielmehr auf den Nahrungsreichtum der Flächen ankommt (und damit vielfach doch wieder auf die Vegetationsstruktur). Hierdurch wird verständlich, daß Braunkehlchen ab Anfang Juli vermehrt in Lebensräumen beobachtet werden, die sie nicht zur Brut nutzen. Da sie in dieser Zeit aber teilweise noch im Familienverband umherstreifen (siehe Kap. 4.3.5), können sie irrtümlicherweise als Brutvögel dieser Habitate angesehen werden.

Die Rastdauer variiert in Abhängigkeit von Jahreszeit und Rastbiotop sehr. Während Braunkehlchen am Bodenseeufer wohl nur kurze Zeit verweilen, wurde zur gleichen Jahreszeit auf britischen Heide- und Brachflächen eine Verweildauer rastender Vögel von zum Teil mehreren Wochen ermittelt (BASTIAN, A. unpubl., MARSH 1983). Die Aufenthaltsdauer korreliert eng mit artspezifischen Anforderungen von Vögeln an das Rastbiotop. Nur in optimalen Rastgebieten verweilen Braunkehlchen lange, und vor allem hier bauen sie auch ihr notwendiges Fettdepot auf. Weniger geeignete Rastbiotope werden dagegen nur kurzzeitig, den Tag über genutzt, nicht jedoch zum Aufbau von Fettreserven. Diese Gebiete werden meist in der folgenden Nacht wieder verlassen.

Während des Zuges erweitern Braunkehlchen ihren Speiseplan, indem sie nun neben der üblichen Insektennahrung auch regelmäßig Beeren zu sich nehmen (SACHER 1993). In einem süddeutschen Rastgebiet enthielten fast 90 % aller untersuchten Braunkehlchen in ihren Mägen Anteile von Faulbaum- und Kreuzdornbeeren (BRENSING 1977). Da Früchte während der Herbstzugzeit im allgemeinen reif und vielfach sehr häufig sind sowie teilweise einen hohen Fettgehalt aufweisen, ist Frugivorie zur zugzeitlichen Fettdeposition sehr vorteilhaft (BAIRLEIN 1988).

3.3.2 Auf dem Weg nach Afrika

Braunkehlchen sind ausgesprochene Nachtzieher, die den Tag über am Boden verbringen, ruhen und nach Nahrung suchen.

Ab Mitte August existieren keine Familienverbände mehr (siehe Kap. 4.3.5). Bei Gruppen, die ab dieser Zeit beobachtet werden, handelt es sich folglich entweder um größere Trupps gemeinsam ziehender Tiere oder um Ansammlungen einzeln ziehender Vögel, die in optimalen Rastbiotopen zusammenkommen, untereinander aber höchstens geringe soziale Bindungen haben. Das Rufverhalten rastender Vögel liefert Hinweise darauf, ob sie eher einzeln ziehen oder im Gruppenverband (BASTIAN & BASTIAN 1990). Für Braunkehlchen ist das Datenmaterial bisher zwar noch gering, doch deuten die wenigen Befunde darauf hin, daß sie auf dem Herbstzug Einzelgänger sind. Aus Gründen der Sicherheit schließen sie sich am Boden oft zu lockeren Gruppen zusammen, halten untereinander ständigen Sichtkontakt und erhöhen damit den Schutz vor Feinden (KLOSE 1995). In geeigneten Rastbiotopen lassen sich Gruppen von meist höchstens zehn Tieren, gelegentlich aber auch größere, bis zu 150 Tiere umfassende Ansammlungen beobachten. In diesen Trupps können sie mit anderen Arten (z. B.: Steinschmätzer, Dorngrasmücke) vergesellschaftet sein. Mit steigender Truppgröße werden die Jagdflüge jedes einzelnen Vogels häufiger, die Zeit für die Nahrungssuche nimmt zu (DRAULANS & VAN VESSEM 1982).

Westzieher: Bei einer durchschnittlichen Tagesleistung von 80-90 Kilometern (HILDEN & SAUROLA 1982) brauchen mitteleuropäische Braunkehlchen 50-60 Tage, um ihre Wintergebiete zu erreichen. Begonnen wird der Herbstzug wahrscheinlich von Vögeln, die in dem betreffenden Jahr keinen Bruter-

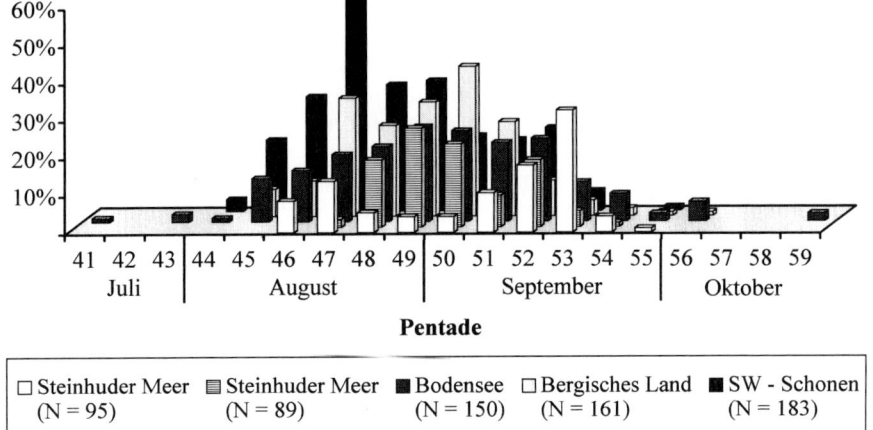

Abb. 3.25: Der Herbstzug setzt in Mitteleuropa Anfang August ein. Die Hauptzugzeit liegt zwischen der 47. und 52. Pentade, Zughöhepunkt ist in Schweden Mitte August (SW-Schonen), in Deutschland Anfang September. Abgeschlossen ist er Ende September, letzte Nachzügler werden regelmäßig bis in den Oktober beobachtet (nach BERTHOLD et al. 1991, HELLMICH 1987, HERHAUS 1988, PERSSON et al. 1981).

folg hatten, erfolgreiche Brutvögel schließen sich wenig später an. Als Letzte wandern ab Mitte August die Jungvögel des betreffenden Jahres ab. Der Grund für diesen verzögerten Beginn des Herbstzuges ist ihre im Vergleich zu den Altvögeln längere Mauserzeit (siehe Kap. 4.4). Insgesamt dauert der Wegzug sechs bis acht Wochen und erstreckt sich damit über einen längeren Zeitraum als der Frühjahrszug. Der Höhepunkt des Herbstzuges wird in West- und Mitteleuropa zwischen Ende August und Anfang September erreicht (Abb. 3.25).

Der Zugmedian, also der Tag, an dem die Hälfte der Vögel an einem Ort durchgezogen ist, wird in Südskandinavien (SW-Skåne) in der fünften Augustpentade erreicht, in Deutschland dagegen erst Mitte September und in Spanien schließlich Anfang Oktober (BERCK 1974, BERTHOLD et al. 1991, BUENO 1991, HELLMICH 1987, HERHAUS 1988, PERSSON et al. 1981). Braunkehlchen benötigen im Herbst annähernd einen Monat, um eine Strecke von 10 Breitengraden zu überwinden (Abb. 3.26). Ein Übersprungzug, wie ihn KLOSE (1995) nach Vergleich der Zugdaten aus Hiddensee und Westfalen vermutet, existiert unserer Ansicht nach beim Braunkehlchen nicht. Da KLOSE (pers. Mitt.) Zugdaten verschiedener Jahre verglich, könnte der vermeintlich frühere Herbstzug geringfügig nördlicher Populationen allein auf jahresbedingte Unterschieden in der Zugphänologie basieren. Auch am

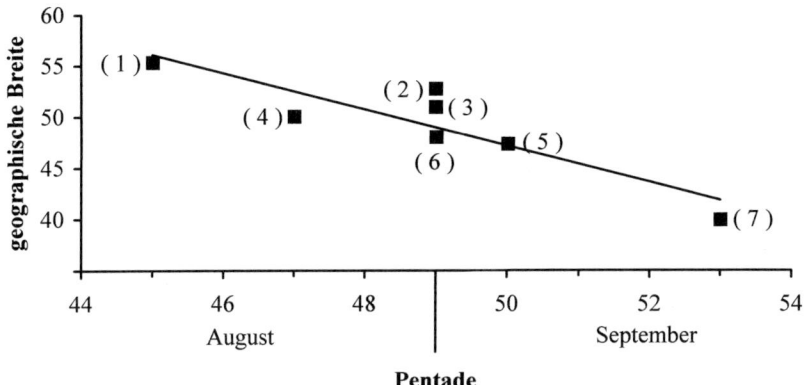

Abb. 3.26: Der Herbstzugmedian verschiebt sich pro Breitengrad im Mittel um drei Tage. Er liegt in SW-Skåne (1) in der 45., in Zentralspanien (7) erst in der 53. Pentade. In Deutschland (2: Steinhuder Meer; 3: Bergisches Land; 4: Hessen; 5: Bodensee) und am Neusiedler See (6) liegen die Werte dazwischen (nach Berck 1974, Berthold et al. 1991, Bueno 1991, Hellmich 1987, Herhaus 1988, Persson et al. 1981).

Steinhuder Meer ergaben sich deutliche Unterschiede im jahreszeitlichen Ablauf des Herbstzuges zweier Untersuchungsjahre. In einem Jahr lag der Zugmedian am 3. September, mit stärksten Zugbewegungen in der 49. Pentade. In einem zweiten Jahr war der Zugablauf um zwei Wochen verzögert; die meisten Braunkehlchen wurden dann erst in der 52. und 53. Pentade beobachtet, mit einem Median am 13. September (Hellmich 1987). Die Ursache für diese Differenzen im Zugablauf ist in den oftmals sehr unterschiedlichen Witterungsbedingungen einzelner Jahre zu suchen. So kann ein naßkalter Spätsommer Braunkehlchen veranlassen, den Beginn des Herbstzuges so lange hinauszuzögern, bis wieder eine trockene und warme Großwetterlage vorherrscht.

Braunkehlchen verlassen ihre süd-, mittel- und nordeuropäischen Brutgebiete in Richtung Südwesten. Nur britische Vögel ziehen zunächst südlich nach Westfrankreich und Nordspanien und schwenken erst dann nach Südwesten (Zink 1973). Anfangs fliegen sie zwischen einzelnen Raststationen jeweils nur kurze Strecken, erst gegen Ende des Zugweges werden die Tagesleistungen größer. Entsprechend dieser unterschiedlich langen Tagesetappen bauen Braunkehlchen auch ihr Fettdepot auf. Ihr Körpergewicht steigt von etwa 17 g Anfang August bis knapp unter 19 g zur Hauptzugzeit im September an (Berthold et al. 1991). Um den afrikanischen Kontinent zu erreichen und dabei so kurz wie eben möglich über offenes Meer zu fliegen,

nutzen sie in Südspanien die Meerenge von Gibraltar. Auch für diese Zuge-
tappe legen sie ein kaum größeres Fettdepot an, da ihr Körpergewicht hier
mit etwa 20 g (FINLAYSON 1981) nur wenig höher ist als in den mitteleuropäischen Rastbiotopen.

In einem breiten Band folgen Braunkehlchen anschließend dem Bogen
des westafrikanischen Subkontinents und stoßen südostwärts auf den Sahel und die Sudansavanne (GATTER 1987, Abb. 3.27). Auf dieser Route um-
gehen sie die Sahara im Westen. Der Zugweg ist zwar länger als ein direk-

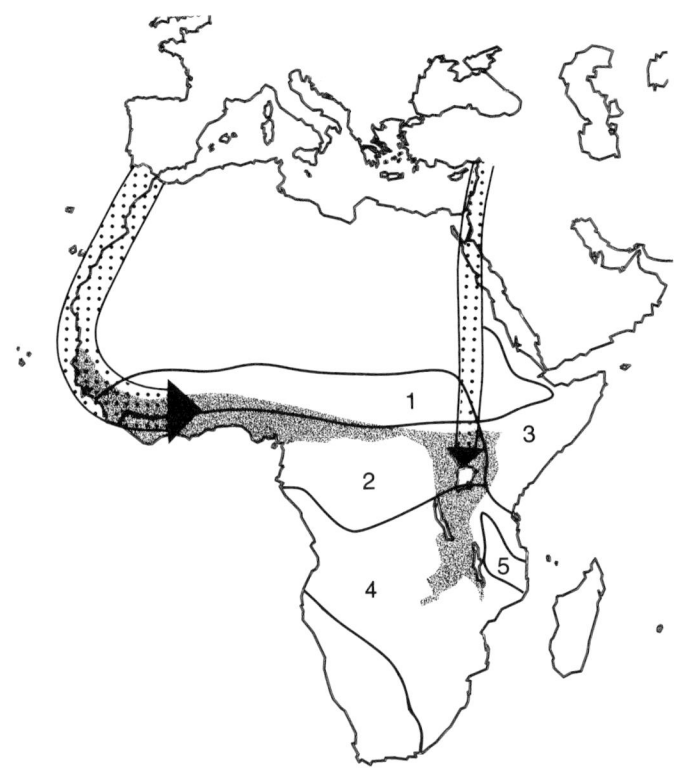

Abb. 3.27: Wahrscheinliche Zugwege in Afrika (punktiert) und Winterverbreitung
(gerastert). Die Zahlen bezeichnen Zonen unterschiedlicher Winterwitterung.
1: trocken über 3-5 Wintermonate, 2: trocken über 0-2 Wintermonate, 3: naß von
Oktober bis Dezember, 4: naß ab Oktober für 5-8 Monate, 5: feucht ab Dezember
für 5-9 Monate (zusammengestellt nach CLARK 1969, DEJAIFVE 1994, GATTER 1987,
JONES 1983, 1995, TUCKER 1975).

ter Flug in die Wintergebiete, jedoch sehr viel weniger strapaziös, da sie nicht gezwungen sind, größere ökologische Barrieren, wie die Sahara, zu überwinden, vielmehr treffen sie regelmäßig auf geeignete Rastbiotope. Zudem nutzen sie auf dieser Strecke klimatische Faktoren (Monsunwinde) sowie Änderungen der Regenzeit optimal aus (GATTER 1987). Da sie im Herbst kaum zeitlichen Zwängen ausgesetzt sind, können sie sich diese längere Zugroute leisten und mit nur mäßig gefüllten Energiespeichern und damit relativ niedrigem Körpergewicht sowie häufigen Zwischenstopps in ihre Wintergebiete fliegen. Eine große Fettanlagerung während des Herbstzuges wäre nicht nur unnötig, sondern wegen des hohen Körpergewichtes aus aerodynamischen und zugphysiologischen Gründen nachteilig.

Die ersten Braunkehlchen brechen Ende Juli aus Mitteleuropa auf und kommen Mitte bis Ende September in Zentralafrika an. Als frühester Ankunftstag wird in Gambia der 13. September genannt (CRAMP 1988). Wenn der Wegzug der Jungvögel aus Mitteleuropa gegen Ende September gerade abgeschlossen ist, sind in Nigeria Altvögel bereits zahlreich (SMITH 1966). Bis gegen Ende des Jahres nehmen auch in Liberia die Winterbestände kontinuierlich zu. Da Braunkehlchen dort bis zum Frühjahr verweilen, handelt es sich bei ihnen um Vögel in ihrem endgültigen Wintergebiet und nicht um solche, die nur zwischenrasten (GATTER 1987).

Ostzieher: Die Zugwege der östlichen Populationen sind bisher nur unzureichend untersucht. Wahrscheinlich wählen sie, wie andere Vogelarten der Region, eine Route, die sie aus den Brutgebieten zunächst südwärts bis an den Ostrand des Mittelmeeres, dann entlang der israelischen Küste ins Niltal führt (Abb. 3.27). Auch auf diesem Weg vermeiden die Tiere, größere Wasserflächen zu überqueren. Nordost-Afrika wird Ende August und Anfang September von Braunkehlchen in großer Zahl überflogen (CRAMP 1988), so daß sie etwa zeitgleich mit den „Westziehern" Mitte September Zentralafrika erreichen.

3.3.3 Überwinterung zwischen Maniok und Baumwolle

Den Winter verbringen alle Braunkehlchen im tropischen und südlichen Afrika (Abb. 3.27). Braunkehlchen, die über die westliche Route ziehen, überwintern vorwiegend nördlich des Äquators vom Senegal bis nach Kenia in einem Bereich zwischen der trockenen Sahelzone im Norden und dem Regenwald im Süden. Die Wintergebiete der Vögel aus östlichen Populationen schließen sich vom Südsudan über Tansania, Sambia bis nach Südafrika östlich an die Winterareale der West-, Mittel- und Nordeuropäer sowie östlich der geschlossenen Regenwaldzone an (CLARK 1969, DEJAIFVE 1994, TUCKER 1975).

Alle Wintergebiete decken sich mit Zonen, die ab Oktober höchstens eine kurze Trockenperiode aufweisen und über geeignete Savannenbiotope verfügen. Trockenere Zonen, die nur über einen kurzen Zeitraum eine hohe Bodenfeuchtigkeit aufweisen (Abb. 3.27; Zone 3), oder Gebiete, in denen erst später im Jahr Regen fällt (Abb. 3.27, Zone 5; JONES 1983, 1995), werden zur Überwinterung gemieden. Eine Spaltung der Wintergebiete in ein west-/zentralafrikanisches und ein ost-/südafrikanisches Areal würde auch erklären, wieso aus Zaïre nur sehr wenige Nachweise vorliegen. Hier wurden Braunkehlchen nur während der Herbst- oder Frühjahrszugzeit beobachtet (ZINK 1980).

Nach MOREAU (1972) und CURRY-LINDAHL (1981) überwintern Braunkehlchen in mehr oder weniger natürlichen, strukturarmen Savannenlandschaften oder in Kulturen, die grundsätzlich trockener sind als die Bruthabitate. Eine Überwinterung einzelner Vögel über mehrere Jahre hinweg am gleichen Ort konnte nachgewiesen werden (Winterortstreue, ZINK 1973). LEDANT (1986) untersuchte die Habitatwahl überwinternder Braunkehlchen in vier verschiedenen Savannentypen. Mosaike aus Savanne und Kulturland wurden danach etwa 20 mal häufiger aufgesucht als Buschsavannen und noch etwa 8 mal häufiger als vegetationsfreie Flächen; in Waldsavannen fehlen sie. Bevorzugt wurden zaunbegrenzte Weiden und reines Kulturland (Maniok, Igram, Gemüse, Mais, Baumwolle). Im Nationalpark Marahoué (Cote d'Ivoire) mieden sie die Ebene mit dichtem Gras und wichen auf Hügel mit dünnerer Vegetationsschicht aus. Reine Savannen sind erst nach Buschbränden interessanter, wenn Bodenarthropoden auf den vegetationsfreien Böden besonders leicht erbeutet werden können. Diese reiche Nahrungsquelle wird von einer Vielzahl afrikanischer, aber auch von überwinternden paläarktischen Wartenjägern genutzt, wobei Braunkehlchen im Wettstreit um Beutetiere insbesondere den schwereren Steinschmätzerarten jedoch deutlich unterlegen sind. Nur gegenüber dem etwa gleich schweren Nonnensteinschmätzer (*Oenanthe pleschanka*) können sie sich noch durchsetzen (LEISLER et al. 1983).

Vegetationslose Habitate sind nach LEDANT (1986) erst dann für Braunkehlchen tauglich, wenn sie durch ausreichend viele, höchstens acht Meter hohe Sitzwarten erschlossen sind. NICOLAI (1976) beobachtete Braunkehlchen häufig aber auch auf höheren Telegraphenleitungen. Auch in Zaïre überwintern Braunkehlchen in Maniok- und Baumwollkulturen (DEJAIFVE 1994). Die etwa 150 cm hohen Maniokpflanzen standen dort in einem Abstand von 60x80 cm und die maximal 60-70 cm hohen Baumwollpflanzen in einem Abstand von 60x45 cm, dazwischen war der Boden kahl. Andere, neuangelegte Felder waren zur Überwinterungszeit der Braunkehlchen noch ganz vegetationslos. Braunkehlchen waren überall etwa gleich häufig. Alle Flächen waren mit Büschen und maximal 7-8 m hohen Bäumen locker durchsetzt, die als Sitz- und Jagdwarte genutzt wurden.

Ein ausreichend hohes, relativ niedriges Wartenangebot sowie ein zumindest teilweise vegetationsfreier Boden sind Kernfaktoren bei der Habitatwahl im Überwinterungsgebiet. Im Vergleich zu Bruthabitaten sind die Böden in Überwinterungsgebieten, sicher entsprechend dem Angebot, sehr viel trockener, das Bodenrelief ist strukturärmer und die Pflanzendiversität niedriger (DEJAIFVE 1994). Der sehr viel dichtere Pflanzenwuchs in Teilen der Bruthabitate beruht offenbar auf der Notwendigkeit eines geschützten Neststandortes.

3.3.4 Auf dem Weg in die Brutgebiete

Etwa ab März verlassen Braunkehlchen ihre Wintergebiete. Bis dahin haben Alt- und Jungvögel als Vorbereitung für den Frühjahrszug das Körpergefieder, nicht jedoch die Schwungfedern gewechselt (pränuptielle Teilmauser). Vorjährige Vögel, die auch im Herbst nur eine Teilmauser durchgemacht haben, kehren somit mit ihrem ersten Großgefieder wieder in die Brutgebiete zurück.

Den Mittelmeerraum erreichen Braunkehlchen ab der letzten Märzdekade, Mitteleuropa in der zweiten Aprilhälfte und Südskandinavien schließlich Anfang bis Mitte Mai. Zumindest bei den Westziehern unterscheiden sich die Frühjahrszugwege erheblich von denen im Herbst (Schleifenzug). So sind Braunkehlchen in Libyen beispielsweise nur zwischen Ende März und Mai sehr häufig, im Herbst werden sie dort nur sehr selten beobachtet (ERARD & LARIGAUDERIE 1972, MAYAUD 1989). Während sie sich für ihren Zug in die Wintergebiete Zeit lassen, wählen sie im Frühjahr den kürzesten und schnellsten Weg und nehmen dabei die Strapaze einer mehrere Hundert Kilometer weiten Wüsten- und Meeresüberquerung auf sich. Dies spiegelt sich auch in den Vorbereitungen für den Flug, vor allem in der Fettanlagerung wider. Braunkehlchen wiegen vor dem Überqueren von Mittelmeer und nordafrikanischer Wüste im Herbst etwa ein Drittel weniger als im Frühjahr vor Beginn der Saharaüberquerung.

Braunkehlchen, die aus einem Wintergebiet südlich der Sahara aufbrechen, sind gezwungen, vor Überquerung der Wüste in kurzer Zeit sehr viel Energie in Form von Depotfett anzulagern. In den Biotopen südlich der Sahara muß die zur Verfügung stehende Nahrungsmenge daher nicht nur den üblichen Tageskalorienbedarf abdecken, sondern die Vögel auch in die Lage versetzen, sich auf den bevorstehenden mehrtägigen Flug gut vorzubereiten. In einem nigerianischen Kulturland / Savannen-Mischgebiet, etwa 800 km südlich der Wüstengrenze, überwintern Braunkehlchen und bereiten sich am gleichen Ort auch auf den Heimzug vor. Das Körpergewicht steigt dort im Februar/März von anfangs etwa 17 g auf bis über 26 g an. Um diese enorme Gewichtszunahme in möglichst kurzer Zeit zu erreichen, nutzen

Braunkehlchen alle nahrungsreichen Biotope, und dabei sogar, anders als zu jeder anderen Zeit, dicht bewachsene Habitate. SMITH (1966) fing Braunkehlchen zum Teil an mehreren Tagen hintereinander in einem nur etwa 4.000 m² großen Garten, der mit Büschen und Eukalyptusbäumen üppig bewachsen war.

Bis heute ist immer noch nicht endgültig geklärt, mit welcher Strategie Trans-Sahara-Zieher und damit auch Braunkehlchen die Wüste und das Mittelmeer überqueren. Neuere Radaruntersuchungen sowie parallel durchgeführte Vogelfänge belegen einen Nonstopflug über Sahara und Mittelmeer. Danach weichen Kleinvögel tagsüber auf kühle Zonen in 250-1.500 m Höhe aus und fliegen dort in einer nordwärts gerichteten Luftströmung (BIEBACH & KLAASSEN 1994). Das hieße, daß die Vögel vor der Überquerung der ökologischen Barriere Energie für einen 30-40 Stunden dauernden Flug tanken müssen. Daneben existieren aber auch Belege, die vermuten lassen, daß Kleinvögel bei der Überquerung der Sahara den Tag über am Boden verbringen (BAIRLEIN 1985, BIEBACH et al. 1986). Für diese Vögel ist es dann weniger wichtig, nahrungsreiche Biotope zu finden. Treffen sie nicht per Zufall auf eine Oase, so hungern sie und zehren von ihrem Fettdepot. Habitatparameter, die für andere Rasthabitate notwendig und gültig sind, haben hier keine Relevanz. Jetzt zählt nur, den Wasserverlust zu minimieren; ihre Habitatwahl orientiert sich dementsprechend ausschließlich am Angebot an Schattenplätzen. Wie zahlreiche andere Vogelarten, die am Tage rastend in der Wüste gefunden wurden, versuchen sicher auch Braunkehlchen, hinter jedem Stein oder Felsblock, hinter Autowracks, Benzintonnen und kleinen Blechdosen die heißen Tagesstunden zu überbrücken. In den kühleren Abendstunden starten sie dann wieder zu einer weiteren Etappe.

3.3.5 Opfer von Vogelfängern, Wüstenbildung und Habitatverlusten

Als natürlicher Feind tritt während des Zuges nennenswert nur der Eleonorenfalke (*Falco eleonorae*) auf, der sich auf die Jagd von Zugvögeln spezialisiert hat. Bei Kreta konnte WALTER (1979) unter 4018 untersuchten Beutetieren auch 343 Braunkehlchen nachweisen (8,5 %). Ansonsten fallen Braunkehlchen auf dem Zug und in den Brutgebieten höchstens ausnahmsweise Greifvögeln und Eulen zum Opfer. Mit Anteilen von etwa 0,1 % bis maximal 0,5 % nehmen sie in den Beutelisten generell nur eine untergeordnete Rolle ein (UTTENDÖRFER 1952), was somit nicht bestandsgefährdend für Braunkehlchen ist.

Nicht verschont bleiben Braunkehlchen von der in vielen Ländern Europas und Afrikas leider immer noch üblichen Jagd auf Zugvögel. So wurden an einem Fangplatz auf Ischia innerhalb eines Vormittags drei Braunkehlchen tot den Schlagfallen entnommen (Fernsehdokumentation vom Juli 1993). Da sowohl Vögel aus stabilen Brutpopulationen betroffen sind als auch solche aus Gebieten mit rückläufigen Bestandtrends, kann die Jagd nach Zugvögeln allein nicht die Ursache für den Bestandsrückgang in der Westpaläarktis sein. Direkte Verfolgungen gefährden Braunkehlchen sicherlich weit weniger stark als die Verschlechterung der Habitatqualität in den Brut-, Rast- und Überwinterungsgebieten.

Wenn auch die Länge der Flugstrecke über Gebiete ohne Rastplätze dadurch minimiert wird, daß, wenn immer möglich, Meerengen genutzt werden, so ist der Energieaufwand und damit der Bedarf an nahrungsreichen Rastbiotopen vor einzelnen Flugetappen dennoch sehr hoch. Ihre Vernichtung löscht oftmals unwiederbringlich wertvolle Trittsteine auf den Zugwegen aus. Die Zerstörung ganzer Rastbiotope, allgemeine Störungen in den Gebieten sowie die Reduzierung des Nahrungsangebotes beeinträchtigen die Fettdepotbildung der Zugvögel maßgeblich. Vor allem aus Westeuropa und den Mittelmeerländern, also entlang der Route der Westzieher, aber auch aus einigen afrikanischen Ländern sind solche Veränderungen hinreichend bekannt. Überwinterungsgebiete südlich der Sahara unterliegen zudem einer verstärkten Wüstenbildung, so daß regional die Habitatqualität durch langjährige, extreme Trockenperioden und ausbleibende Regenzeiten in bestimmten Jahren zusätzlich vermindert ist. Vögel, die dort überwintern und aus diesem Grund in schlechter körperlicher Verfassung sind, beginnen den Zug mit einem ungenügend großen Fettdepot. Ihre Mortalität wird zwangsläufig erhöht sein und entsprechend weniger Vögel werden im Frühjahr an ihren Brutorten eintreffen (DEJAIFVE 1994). Diese negativen Einflüsse treffen überwiegend Braunkehlchen aus Sommergebieten mit geringer Brutdichte und stark rückläufigen Bestandtrends. Braunkehlchen der ost- und außereuropäischen Kernareale überwintern dagegen in einem Teil Afrikas, der weniger stark von solchen extremen Witterungsschwankungen betroffen ist.

Auch wenn Verluste auf dem Zug und in den Winterlebensräumen teilweise nennenswert sein können, so dürfen wir unsere Augen nicht davor verschließen, daß lebensfeindliche, anthropogene Einflüsse in den Brutgebieten die zentrale Ursache für die Seltenheit des Braunkehlchens in weiten Teilen des westlichen Europas sind. Ausfälle auf Grund extremer Dürre sind Ereignisse, die von Jahr zu Jahr in unterschiedlichem Ausmaß hinzukommen und bereits bestehende negative Bestandstrends in den Brutgebieten sicherlich verstärken. Es wäre jedoch falsch, sie als die eigentliche Ursache des Bestandsrückgangs der Braunkehlchen anzusehen, unter anderem auch deshalb, weil andere Vogelarten, die ebenso von der Dürre in der Sahel betroffen waren und sind (z. B. Dorngrasmücke, Neuntöter), derzeit wieder häufiger werden.

3.4 Konsequenzen einer ausgeräumten Kulturlandschaft

3.4.1 Verspätete Rückkehr in die Brutgebiete

In den Brutgebieten wickelt sich die Ankunft der Braunkehlchen in Schüben ab, deren Phänologie vor allem durch Winde aus südlichen oder östlichen Richtungen begünstigt wird (KUPRIAN 1979, LABHARDT 1988a , SCHMIDT & HANTGE 1954). Sie verzögert sich im Mittel um knapp drei Tage je Breitengrad (Abb. 3.28). Meist wird der Heimzug von älteren Männchen begonnen. So kamen in der Westschweiz vor dem 10. Mai 72,5 % der mehrjährigen Männchen, aber nur 27,8 % Einjährige an (Abb. 3.29). Weibchen sind erst in späteren Zugschüben in größerer Anzahl vertreten. Am Steinhuder Meer lag der Heimzug der Männchen um 4-5 Tage vor dem der Weibchen (HELLMICH 1987). In einem bayerischen Brutgebiet kamen Männchen sogar mehr als zehn Tage später an (BEZZEL & STIEL 1977).

Naßkaltes Aprilwetter kann die Ankunft der **ersten** Braunkehlchen bis weit in den Mai verzögern. So trafen sie auf der Schwäbischen Alb bei Balingen in den Jahren 1983, 1984 und 1986 zwischen dem 22. und 27. April ein, im Jahre 1985 jedoch erst am 6. Mai. In jenem Jahr lagen die

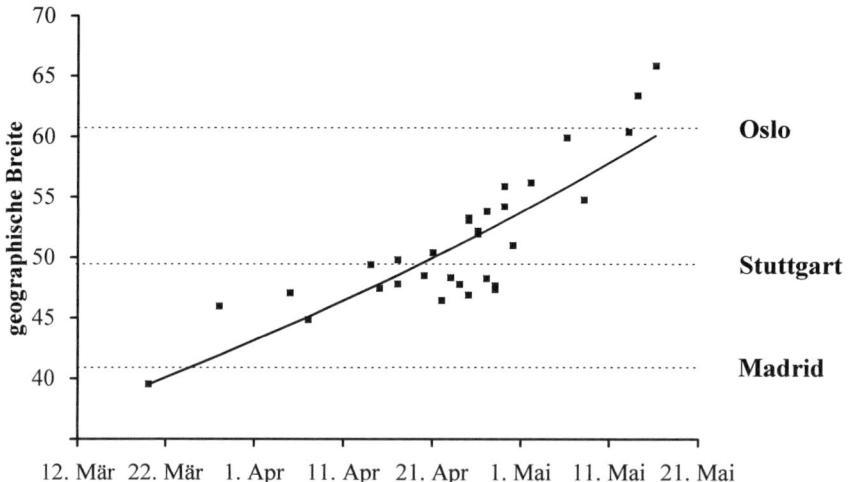

Abb. 3.28: Mittleres Ankunftsdatum an 31 verschiedenen Rast- und Brutplätzen zwischen Zentral-Spanien und Mittel-Norwegen. Durchschnittlich drei Tage benötigen die Vögel für jeden Breitengrad, den sie weiter nach Norden fliegen. Zur besseren Orientierung ist die geographische Breite von Madrid, Stuttgart und Oslo eingezeichnet (nach verschiedenen Autoren).

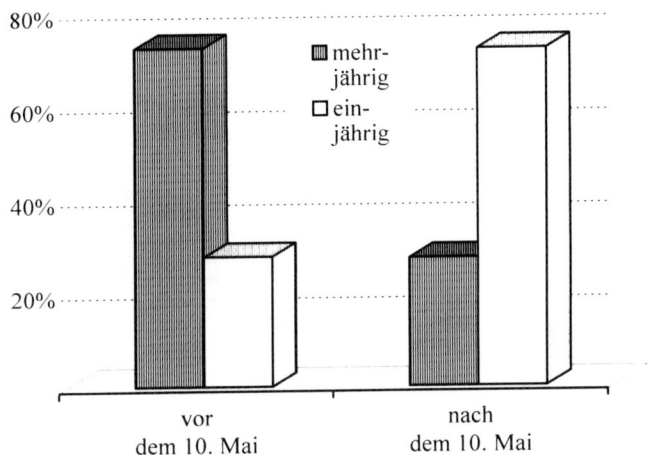

Abb. 3.29: In westschweizer Brutgebieten kommen die meisten mehrjährigen Braunkehlchen vor dem 10. Mai an, einjährige Vögel dagegen erst später (nach LABHARDT 1988a).

Temperaturen noch Ende April und Anfang Mai an sieben Tagen um oder unter dem Gefrierpunkt. Erst am 6. Mai stiegen die Tagesmitteltemperaturen deutlich an und noch am gleichen Tag wurde auch das erste Braunkehlchen gesehen (REBSTOCK & MAULBETSCH 1988a).

Am Bodensee wird die **Hauptmasse** Ende April/Anfang Mai beobachtet. Am Steinhuder Meer und im Südwesten der Niederlande fällt das Zugmaximum auf die erste, an der Kurischen Nehrung und im Harz auf die zweite Maidekade. Letzte **Nachzügler** kommen noch bis Anfang Juni in den Brutgebieten an (Abb. 3.30). Auch die Zugphänologie der „Hauptschübe" korreliert mit Phasen hoher Tagestemperaturen (LABHARDT 1988a). So traf auf der Schwäbischen Alb 1986 der Haupttrupp ein, als die mittlere Tagestemperatur von 11°C auf 20°C anstieg (REBSTOCK & MAULBETSCH 1988a).

Deutlich früher als in den Brutgebieten treffen sie in den traditionellen Rastgebieten Mittel- und Westeuropas ein, wo bereits Anfang, spätestens Mitte April, gelegentlich sogar schon im März mit den ersten Tieren zu rechnen ist (BEZZEL & STIEL 1975, GRAY 1973, OAG BODENSEE 1983, RINGLEBEN 1956, ZSCHIEGNER 1977). Das bisher früheste Ankunftsdatum ist der 17. März (Ayrshire, GRAY 1973). Rastplätze liegen meist in klimatisch günstigen Niederungslandschaften, wo die Vögel solange verweilen, bis die Witterung es erlaubt, die höher gelegenen und damit rauheren Brutplätze der Mittel- und Hochgebirge aufzusuchen. So fehlen sie im zeitigen Frühjahr oft noch in höheren Lagen des Salzburger Landes, während sie im 220 m tiefer gele-

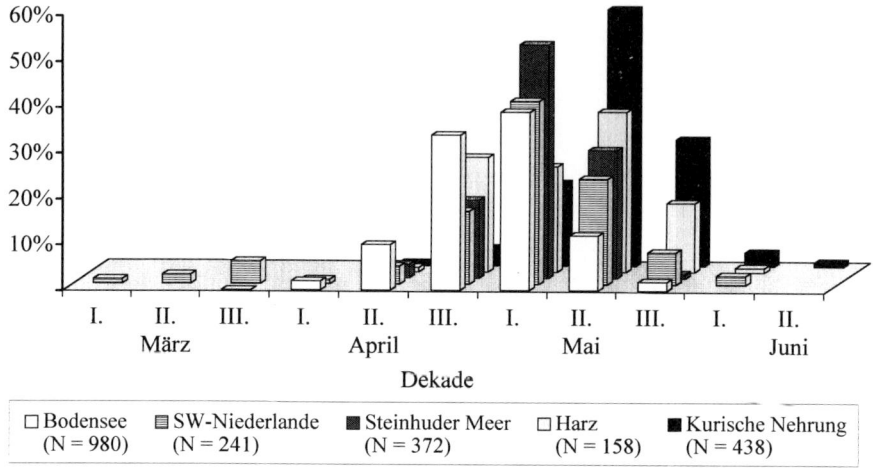

Abb. 3.30: Der Frühjahrszug setzt in West- und Mitteleuropa verstärkt in der zweiten Aprildekade ein. Der Höhepunkt wird in der ersten und zweiten Maidekade erreicht, mit leichter Verzögerung im Norden sowie in höheren Gebieten (z.B. Harz gegenüber Steinhuder Meer). Abgeschlossen ist er Ende Mai, letzte Nachzügler werden bis Mitte Juni beobachtet (nach CASTELIJNS & CAPELLO 1987, HELLMICH 1987, MEINEKE 1980, OAG BODENSEE 1983, PAYEVSKY pers. Mitt.).

genen Salzachtal bereits zahlreich vertreten sind (PARKER 1990). Darüber hinaus können bei einem plötzlichen Kälteeinbruch höher gelegene, sogar schon mehrere Tage lang besetzte Reviere kurzfristig und teilweise dauerhaft wieder geräumt werden (MÜLLER 1985). Die Vögel wandern wieder in Tallagen ab, wo es zu einem Zugstau und damit lokal zu hohen Vogeldichten kommen kann. Tiefer gelegene Gebiete werden offenbar früher besiedelt als Mittel- und Hochgebirgshabitate.

Braunkehlchen kommen heute später an ihren Brutplätzen an, als zu Zeiten, als sie noch überwiegend in Niederungen brüteten. Bis Mitte dieses Jahrhunderts trafen die ersten Vögel bereits Anfang April in den Brutgebieten ein, heute jedoch erst in der zweiten Monatshälfte. Mittel- und Hochgebirgslagen wurden dagegen auch schon vor 40 Jahren erst in der zweiten Aprilhälfte besiedelt (NOLL-TOBLER 1924, SCHMIDT & HANTGE 1954, STUDER & FATIO 1913). NAUMANN (1820) schrieb: „... gewöhnlich nicht vor dem 20. April, oft erst in den letzten Tagen des Monats".

Wenn die Ankunft der ersten Braunkehlchen in den Brutgebieten heute etwa 14 Tage später erfolgt, als es noch in den 50er Jahren der Fall war, so beruht dies nicht auf einer generellen Verzögerung des Heimzuges. Der Grund ist vielmehr die Zerstörung ehemaliger Brutgebiete in den Niederungen, in denen die frühesten Braunkehlchen – wohl schon seit Jahrhunderten – Anfang bis Mitte April beobachtet werden. Diese Gebiete können, anders als noch vor 40 Jahren, heute meist nur noch zum Rasten genutzt werden.

3.4.2 Überalterte Populationen sind gefährdet

Nahezu die Hälfte der mehrjährigen Weibchen, aber nur etwa ¼ der älteren Männchen kehren an den Brutort des Vorjahres zurück (Abb. 3.31; BASTIAN 1992). Von diesen gebietstreuen Vögeln haben jedoch die Männchen ein signifikant stärker ausgeprägtes Bestreben, exakt den gleichen vorjährigen Brutplatz des Vorjahres einzunehmen (p < 0,05, Chi²-Test). 74 %

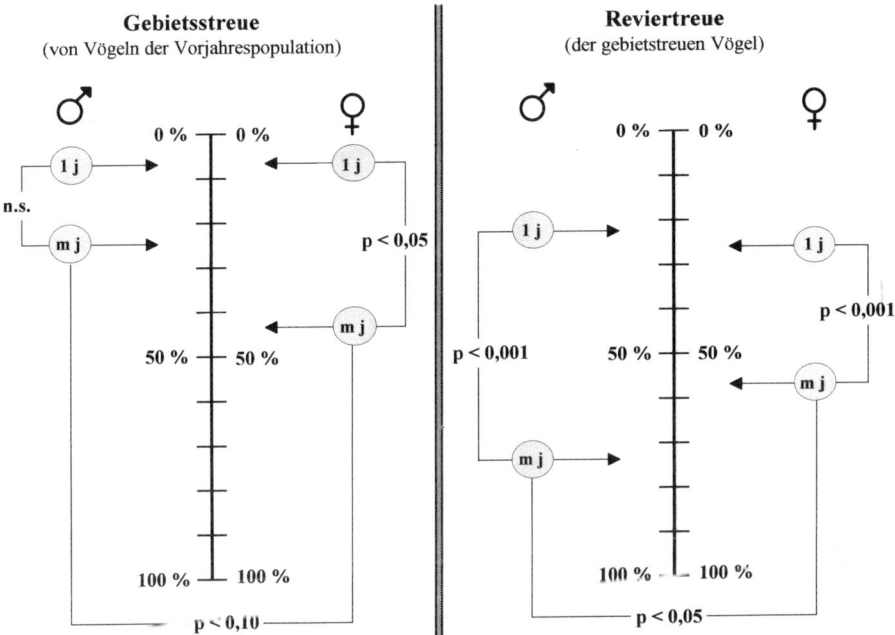

Abb. 3.31: Ortstreue. Links: Bezogen auf der Vorjahrespopulation berechnete Anteile einjähriger (1 j) und mehrjähriger (m j) Männchen (♂) und Weibchen (♀), die in ihre Brutpopulation zurückkehren (Gebietstreue). Rechts: Anteile gebietstreuer Tiere, die in ihr vorjähriges Brutrevier bzw. an ihren vorjährigen Geburtsort zurückkehren. Mit p ist die Signifikanz der Unterschiede zwischen Männchen und Weibchen sowie zwischen einjährigen und mehrjährigen Tiere angegeben (n.s.: nicht signifikant, Chi²-Test; nach BASTIAN 1992).

der ortstreuen Männchen, aber nur 57 % der ortstreuen Weibchen brüten im letztjährigen Revier (Abb. 3.31). Dabei ist die Reviertreue von im Vorjahr erfolgreich brütenden Vögeln wahrscheinlich noch ausgeprägter als von erfolglosen Braunkehlchen.

Von den ausgeflogenen Jungvögeln kehren dagegen nur etwa 10 % im ersten Lebensjahr an den Geburtsort zurück, knapp 2 % der Tiere übernehmen dabei das Revier ihrer Eltern (20-25 % der ortstreuen Tiere; Abb. 3.31). Einige Jungvögel bleiben im ersten oder sogar zweiten Lebensjahr weit entfernt und kehren erst in späteren Jahren zurück. So wurde ein in Niedersachsen nestjung beringtes Braunkehlchen in seinem ersten Sommer über 1.000 km entfernt in Frankreich kontrolliert (BASTIAN 1992).

Eine stabile Braunkehlchenpopulation besteht zu etwa 20 % aus ortstreuen Vögeln, die im Vorjahr an gleicher Stelle oder doch zumindest in unmittelbarer Nachbarschaft gebrütet haben bzw. erbrütet wurden (BASTIAN 1992).

Mehrjährige Braunkehlchen, die in suboptimalen Gebieten brüten, halten auf Grund ihrer Ortstreue eher an ihrem Brutort fest als Einjährige an ihrem Geburtsort. In diesen Populationen sinkt der Anteil einjähriger Vögel stetig und der Bestand wird, wenn aus benachbarten Populationen keine Vögel zuwandern, überaltern und nach einiger Zeit erlöschen. Aus diesem Grund gingen in den letzten Jahren zahlreiche kleine Restpopulationen verloren (BASTIAN & BASTIAN 1994).

Braunkehlchen, die in ein Brutareal zurückkehren, das seit der letzten Brutzeit zerstört wurde, weichen auf Gebiete anderer Populationen aus. Dort

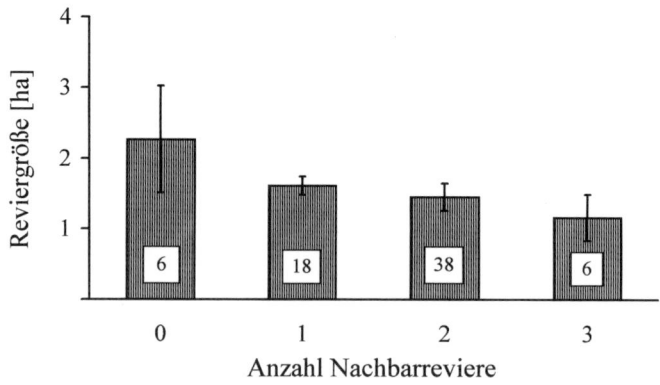

Abb. 3.32: Isolierte Territorien sind signifikant größer (p < 0,05, U-Test) als Reviere, die mit einem oder mehreren Nachbarn gemeinsame Grenzen haben (nach FEULNER 1995).

sind sie zwar der Konkurrenz ortsansässiger Vögel ausgesetzt, werden aber oft zumindest randständige Territorien besetzen können. Als Konsequenz nimmt der Anteil mehrjähriger Vögel im Bestand zu, da vor Rückkehr der Jungvögel sowohl die ortstreuen Braunkehlchen der ursprünglichen Population als auch die hierhin ausgewichenen Altvögel Reviere gegründet haben. Die Jungvögel bilden dann vielfach eine nicht brütende Bestandsreserve. Unter dem Druck ständiger Habitatverluste haben stabile Populationen in optimaler Umgebung damit oft eine Auffangfunktion für andere, in ihrer Existenz bedrohte Populationen.

3.4.3 Die Reviergröße als Spiegel der Habitatqualität

Reviere sind im Mittel 1,5-1,8 ha groß (FEULNER 1995, KUPRIAN 1979, MÜLLER 1985, PARKER 1990). Ihre Größe wird maßgeblich durch die Habitatqualität und damit vom Angebot an Nahrung, Warten sowie durch die Vegetations- und übrige Raumstruktur bestimmt. Auf Wiesenbrachen mit einem großen Nahrungs- und Wartenangebot wurden minimale Reviergrößen von 0,5-0,8 ha gemessen (FEULNER 1995, HORSTKOTTE 1962, SCHMIDT & HANTGE 1954). Territorien auf suboptimalen Flächen haben oft keinen Kontakt mit benachbarten Revieren. Solche isolierte Territorien sind dann in der Regel signifikant größer als solche, die mit einem oder mehreren Nachbarn gemeinsame Grenzen haben ($p < 0,05$, U-Test; Abb. 3.32). Auf süddeutschen Mähwiesen und Weiden waren sie 3,8 bis 4,1 ha groß (BASTIAN 1987, FEULNER 1995).

4 Es kommt Leben auf

4.1 Ringen um den rechten Brutort

Die Besetzung der Brutlebensräume vollzieht sich über einen Zeitraum von 10 bis 20 Tagen. Bei frühzeitiger Rückkehr in die Brutgebiete durchstreifen die Erstankömmlinge zunächst noch ohne erkennbare Reviergrenzen und ohne sichtbares Territorialverhalten ein größeres Gebiet. Erst durch nachfolgende Männchen wird deren Aktionsraum dann immer mehr eingeengt und die Auswahl des am besten geeigneten Biotopes als Brutlebensraum erzwungen. Neu hinzukommende Vögel lassen sich alsdann bevorzugt in deren direkter Nachbarschaft nieder, so daß schließlich mehrere Vögel kolonieartig ihre Territorien angelegt haben, inmitten auch sonst geeignet erscheinender Flächen. Die Konzentration von Revieren um ein oder wenige zentrale Männchen führt später zur Ansammlung von Nestern in optimalen Habitaten. Mit dem Anstieg der Individuenzahl einer Population steigt das Bestreben, Brutreviere gegenüber Nachbarn zu verteidigen. Später ankommende einjährige Braunkehlchen, die sich in der Nähe bestehender Territorien niederlassen wollen, treffen auf etablierte Reviergrenzen und damit auf territoriale Männchen, die sie meist in suboptimale Randbereiche abdrängen. Ältere, dominante Männchen nehmen somit eher zentrale Territorien ein, vorjährige, subdominante Vögel dagegen mehr randständige. Mitunter halten aber auch frühankommende ältere Männchen an Revieren in Randlage von Populationen fest, die sie im Jahr zuvor als Einjährige annehmen mußten (LABHARDT 1988a). Zu heftigen Kämpfen um Territorien kommt es regelmäßig mit spät eintreffenden Nachzüglern, wodurch es bis in den Juni hinein auch zu Verschiebungen im Grenzverlauf und sogar, speziell im Randbereich der Population, zu Verdrängungen einzelner Paare kommen kann. Vögel, die anfangs ein Randrevier in Besitz genommen haben, können sich später sogar im Zentrum der Population ein neues Revier erkämpfen (PARKER 1990).

Geländestruktur, Vegetation sowie zwischenartliche Aggressionen legen das Verbreitungsmuster der Reviere grundlegend fest. Daneben üben auch

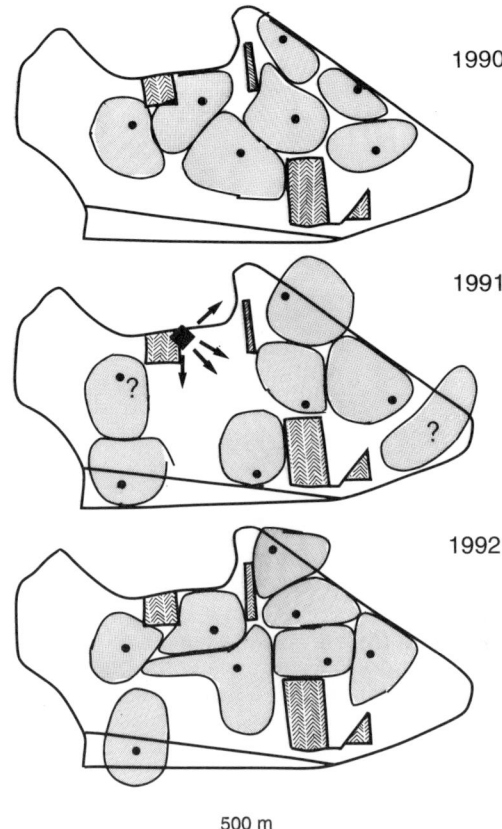

1990

1991

1992

Abb. 4.1: Verteilung von Braunkehlchenrevieren einer oberpfälzer Population in den Jahren 1990
bis 1992. 1991 siedelte im Unter-
suchungsgebiet ein Raubwürger-
paar (schwarzes Viereck), das die
Lage der Territorien und die Neststandorte (schwarze Punkte) beeinflußte (nach BASTIAN 1993b).

500 m

andere Faktoren, wie dominante Vogelarten, einen zusätzlichen starken Einfluß aus. So vertreiben beispielsweise territoriale Raubwürger Braunkehlchen
wiederholt von Sing- und Sitzwarten. In der Zeit der Reviergründung versuchen Braunkehlchen deshalb, sich möglichst effektiv diesen Angriffen zu
entziehen, verlagern ihre Nester an die Reviergrenzen und nutzen, soweit
möglich, Sichthindernisse zum Raubwürgernest. In unmittelbarer Nachbarschaft des Raubwürgernestes bleiben Areale sogar ganz frei, die ansonsten
besiedelt wären (Abb. 4.1). Zudem ist die mittlere Distanz der Braunkehlchen-
Nester zueinander signifikant größer (BASTIAN 1993b; $p < 0,005$, U-Test; Abb.
4.1).

Abb. 4.2: Bei Revierauseinandersetzungen sind häufig beide Paarpartner beteiligt. Wird die Reviergrenze von einem Männchen überschritten, wird es von dem Nachbar nicht selten bis weit ins eigene Revier zurückgejagt. Die Aggressionen richten sich dann gelegentlich geschlechtsspezifisch gegeneinander. Zeichnung F. MÜLLER nach Skizzen der Autoren.

Reviere verteidigen: Dringt ein Braunkehlchen in ein fremdes Revier ein, wird es meist sofort vom Inhaber des Territoriums vertrieben, wobei es zu Verfolgungsjagden bis weit über die Reviergrenzen hinaus kommen kann. Wird dabei das Revier eines dritten Männchens berührt, greift dieses gewöhnlich mit in die Auseinandersetzung ein. Gelegentlich beteiligen sich auch beide Brutpartner an den Revierkämpfen, wobei Männchen im allgemeinen aggressiver sind. Teilweise sind die Aggressionen geschlechtsspezifisch gegeneinander ausgerichtet (Abb. 4.2; REBSTOCK & MAULBETSCH 1988a, eig. Beob.). Auch artfremde Vögel, wie Schafstelzen, Bachstelzen (*Motacilla alba*), Feldschwirle, Gelbspötter (*Hippolais icterina*) oder Sumpfrohrsänger werden von Braunkehlchen in gleicher Art angegriffen, aber nicht immer erfolgreich aus dem engeren Nestbereich vertrieben (GROEBBELS 1950, eig. Beob.).

Territoriale Auseinandersetzungen nehmen ab Mai zu und bleiben über eine längere Periode hinweg in etwa gleicher Intensität bestehen. In dieser

Abb. 4.3: Bei territorialen Auseinandersetzungen und bei der Balz präsentieren Männchen ihre markanten Gefiedermerkmale und stelzen den Schwanz. Ins-besondere die weißen Flügelfelder, die rostbraune Brust sowie die kontrastreiche Kopfzeichnung werden dann dargeboten. Foto A. LABHARDT.

Zeit singen die Männchen vermehrt und präsentieren ihre weißen Gefieder-
partien sowie die rotbraune Kehle und Brust (Abb. 4.3). Unterstützt wird das
Imponierverhalten durch Schwanzwippen und Flügelzucken, wodurch die
weißen Flügelfelder besonders deutlich zum Ausdruck gebracht werden.
Mit weiter steigender Erregung wird der Schwanz zusätzlich zaunkönigartig
gestelzt und breit gefächert, so daß die weiße Schwanzbasis markant zur
Geltung gebracht wird. Auch im Balzverhalten kommt es zu Schwanzstelzen,
nicht jedoch zu einem Spreizen der Schwanzfedern. Überaugstreifen, Flügelspiegel und helle Schwanzbasis haben als optische Signale für das
Imponierverhalten eine maßgebliche Bedeutung. Gelungene Abbildungen
verschiedener Phasen des Balzverhaltens publizierte SUTER (1988).

Der Reviergesang (siehe Kap. 1.2.1) ist ein zentrales Element im Territo-
rial- und Balzverhalten, wobei die Dauer und Intensität stark von Tageszeit,
Witterung und Brutstatus abhängt. Auch wenn einige Braunkehlchen bereits in brutortnahen Rastbiotopen singen (WITHERBY et al. 1943), ist die eigentliche Gesangsaktivität auf Phasen der Reviergründung, Paarbildung und
frühen Brut beschränkt. Singwarten, die die umgebende Vegetation deutlich
überragen, werden dazu mehrmals am Tag angeflogen. Sie dienen als
Grenzmarken, die das engere Brutterritorium kennzeichnen. Meist werden
die höchsten Stellen im Revier ausgewählt, von wo aus sie ihr Territorium
überschauen können und wo gewährleistet ist, daß sie von ihren Nachbarn
erkannt und gehört werden. Singflüge sind Ausnahmen und treten höchstens beim Wechsel einer Warte auf.

Etwa eine Stunde vor Sonnenaufgang beginnen die ersten Braunkehlchen
zögerlich zu singen. Wind und starke Bewölkung können den Gesangs-
beginn beträchtlich verzögern. Den Gesangshöhepunkt erreichen sie bei
Sonnenaufgang oder kurze Zeit später. Ein sehr viel schwächeres zweites
Maximum liegt am Abend. Mittags und nachmittags schweigen sie meist.
Eine Ausnahme stellen unverpaarte Vögel dar, die zu allen Tageszeiten bis
in den späten Juni hinein eine sehr hohe Gesangsaktivität haben (eig. Beob.).
Nach VOIGT (1955) singen Braunkehlchen „abends noch, wenn es bereits
dunkel geworden" ist und auch HORSTKOTTE (1962) berichtet von Nachtgesang.

Spätestens mit dem Schlüpfen der Jungvögel, meist aber schon während der Bebrütung nimmt die Gesangsaktivität merklich ab. Da die Reviergrenzen nun fixiert sind und sich die Brutnachbarn kennen, treten auch nur
noch selten Grenzstreitigkeiten auf. Es ist für Braunkehlchen ausreichend,
ihre Präsenz und die Reviergrenzen ihren Nachbarn am frühen Morgen durch
kurze Gesangsphasen zu bestätigen. Dazu werden einzelne Strophen gesungen, unterbrochen durch zum Teil minutenlange Pausen.

Nutzung extraterritorialer Räume: Neben dem eigentlichen Brutrevier, das
gegenüber Artgenossen heftig verteidigt wird, nutzen Braunkehlchen extraterritoriale Areale, in denen mehrere Männchen gleichzeitig beobachtet wer-

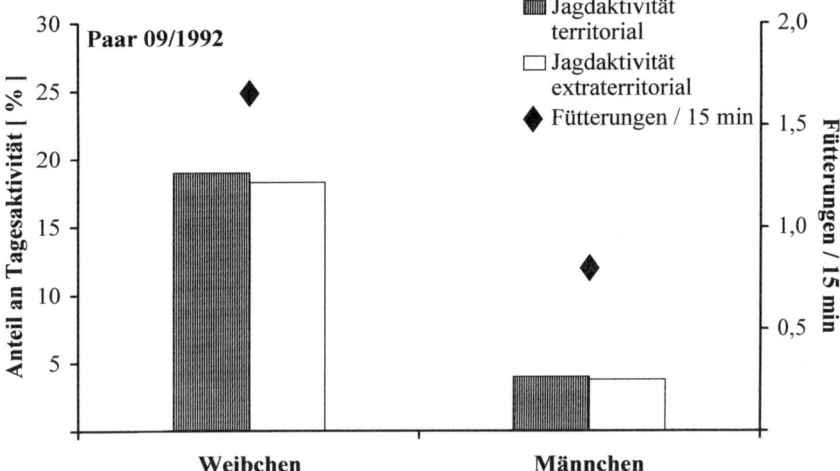

Abb. 4.4: Extraterritoriale Nahrungsräume wurden in einer oberpfälzer Population nur von einem Paar genutzt. Von diesem jagten beide Partner zu etwa gleichen Teilen im und außerhalb des Reviers. Auch die Fütterfrequenz war beim Männchen entsprechend der geringen Jagdaktivität deutlich niedriger. Die Aktivität der Tiere wurde, verteilt über den gesamten Tag, etwa 4 Stunden lang erfaßt.

den können. REBSTOCK & MAULBETSCH (1988a) berichten von einem zentralen Badeplatz, den angrenzende Reviermännchen gemeinsam nutzten. Sonst sind es meist besonders nahrungsreiche Stellen, die in der Fütterungszeit aus bis zu 500 m entfernten Brutrevieren gezielt angeflogen werden. Auf einer unbewirtschafteten, natürlichen Feuchtwiese nutzte dagegen nur eines von 13 Paaren einen nicht zum Brutrevier gehörenden Nahrungsraum, alle anderen Vögel beschränkten ihre Aktivitäten zur Brut- und Fütterungszeit auf das engere Brutterritorium (BASTIAN & BASTIAN unpubl.). Das Weibchen des Paares, das den extraterritorialen Raum nutzte, verbrachte 18,3 % der kontrollierten Aktivitätszeit außerhalb des Reviers, das Männchen nur 3,8 %. Die Jagdaktivitäten inner- und außerhalb des Brutrevieres waren bei Weibchen und Männchen jeweils ähnlich verteilt (19,0 % bzw. 4,0 %), was sich gleichermaßen auch in der höheren Fütterungsrate des Weibchens widerspiegelte (Abb. 4.4). Auch frisch gemähte Wiesen stellen häufig wichtige extraterritoriale Nahrungsräume dar (siehe Kap. 3.2.4), deren Attraktivität allerdings durch die nachwachsenden Wiesenpflanzen kontinuierlich sinkt. So sind extraterritoriale Areale oft nur von temporärer Bedeutung, die solange regelmäßig genutzt werden, wie die Verfügbarkeit von Nahrung hoch und der Aufwand für die Nahrungssuche daher sehr niedrig ist.

4.2 Partner finden sich

Braunkehlchen sind ab dem ersten Lebensjahr geschlechtsreif und grundsätzlich monogam. Verpaarungen eines Männchens mit zwei Weibchen (Polygynie) ist bisher nur in weniger als zehn Fällen bekannt geworden (REBSTOCK & MAULBETSCH 1988a, SACHER 1993, WILCOCK 1921). WILCOCK (1921) beschrieb einen Fall, bei dem ein Männchen mit zwei Weibchen verpaart war, die in ein Nest zusammen 12 Eier legten. Auch ECCLES (1967) berichtet von einem 12er-Gelege, ohne jedoch sagen zu können, ob die Eier von einem oder mehreren Weibchen stammten. Da aber selbst 8er-Gelege seltene Ausnahmen sind (siehe Kap. 4.3.2), ist auch hier Polygynie wahrscheinlich.

Erste Paare finden sich bereits, wenn Braunkehlchen noch in Trupps umherziehen, meist jedoch verpaaren sich die im Mittel einige Tage nach den Männchen ankommenden Weibchen (siehe Kap. 3.4.1) erst im Brutrevier. Die Reviertreue adulter Braunkehlchen führt dazu, daß es regelmäßig auch zur Verpaarung der gleichen Brutpartner über zwei und mehrere Jahre hinweg kommt. Da 18,5 % der Männchen und 25,0 % der Weibchen in ihr vorjähriges Brutterritorium zurückkehren, besteht eine rechnerische Wahrscheinlichkeit von etwa 5 %, daß sich dieselben Partner am vorjährigen Brutplatz wiederfinden.

In den Brutgebieten treffen die Weibchen auf territoriale, gegenüber Revierkonkurrenten aggressive Männchen, die ihnen jedoch nie drohend, sondern stets mit Werbeverhalten begegnen. Wahrscheinlich erkennen sich die Paarpartner am Gefieder (SCHMIDT & HANTGE 1954). Eine detaillierte Beschreibung des Balzverhaltens und der Paarung findet sich bei SUTER (1988). REBSTOCK & MAULBETSCH (1988b) beobachteten, daß die Balz oft auch am Boden stattfindet, wobei ein Männchen mit extrem hochgestrecktem Schnabel und gestelztem Schwanz, also in einer U-förmigen Körperhaltung, um das Weibchen läuft. Er folgt ihr und trägt dabei sehr leise den Werbegesang (siehe Kap. 1.2.1) vor.

Weibchen reagieren auf die Balz der Männchen sehr unterschiedlich. Oftmals verlassen sie das Revier auch wieder. So streifen sie im Laufe der ersten Tage nach ihrer Ankunft durch mehrere Reviere, ehe sie sich für ein Männchen entscheiden. Unklar ist, ob die Qualität des Habitates oder die des Männchens letztendlich die Partnerwahl entscheidet. Beide Faktoren korrelieren eng miteinander, denn dominante Männchen haben meist auch die besten Reviere inne. Da sich erste Paare z. T. bereits auf dem Zug finden, also ehe Weibchen die Möglichkeit haben, ihre späteren Bruthabitate in Augenschein zu nehmen, ist es wahrscheinlich, daß die Männchen-Qualität zumindest sehr wichtig ist. Für freibrütende Vögel ist es durchaus sinnvoll, wenn Weibchen sich mit starken, dominanten Männchen paaren. Das

Nest ist im Vergleich zu Höhlenbrütern weniger geschützt, so daß der Bruterfolg nicht zuletzt auch davon abhängt, es effektiv vor Plünderungen zu bewahren. Zudem können dominante Männchen sehr erfolgreich nahrungsreiche, hochqualitative Reviere gegen Konkurrenten verteidigen. Ein weiterer Aspekt ist die höhere Wahrscheinlichkeit, daß diese Männchen auch kräftige Nachkommen zeugen. Wieweit solche populationsgenetische Faktoren tatsächlich eine Rolle spielen, bleibt jedoch noch zu klären, wie auch die Frage, nach welchen Kriterien die Wahl der Männchen erfolgt. Spielt sie sich nur auf Basis von Gefiedermerkmalen ab oder auch nach ethologischen Qualitäten, zum Beispiel der Überlegenheit in Auseinandersetzungen?

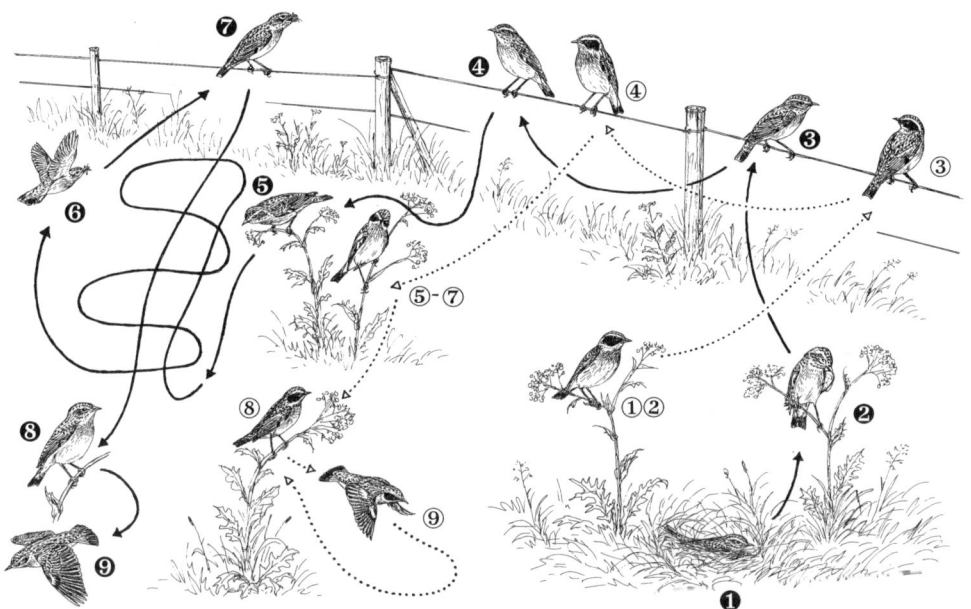

Abb. 4.5: Während der Verpaarung und in der frühen Brutzeit lassen Männchen ihre Brutpartner nicht alleine, sondern folgen ihnen „auf Schritt und Tritt". Damit stellen sie anfangs sicher, daß es zu keinen Kopulationen mit fremden Männchen kommt. In der Brutzeit folgen Männchen ihren Partnern (1-8), um sie vor Feinden zu warnen. Damit können sich Weibchen mehr auf die Jagd (5-7) konzentrieren und das Brüten schneller fortsetzen. Erst wenn das Weibchen das nähere Nestumfeld verläßt, jagt das Männchen in Nestnähe. Gleiche Ziffern bezeichnen zeitgleiche Phasen; ①-⑨ Männchen, ❶-❾ Weibchen. Zeichnung F. MÜLLER nach Skizzen der Autoren.

4.3 Die nächste Generation entsteht

4.3.1 Das Nest wird bereitet

Ab dem Zeitpunkt der Verpaarung begleiten die Männchen ständig ihren Brutpartner und sichern dabei die Umgebung („mate guarding", Abb. 4.5). PARKER (1990) fand die Paare in dieser Zeit selten mehr als 2-3 Meter voneinander entfernt. Bei gemeinsamen Streifzügen lernt das Weibchen die Reviergrenzen kennen, und gemeinsam untersuchen sie verschiedene Neststandorte (BASTIAN & BASTIAN unpubl.). Dabei führen vermutlich die Männchen ihre Brutpartner. Sie sind im Mittel 1-2 Wochen früher in den Brutrevieren (siehe Kap. 3.4.1) und besitzen eine entsprechend bessere Ortskenntnis. Zudem haben dieselben Männchen in aufeinander folgenden Jahren mit unterschiedlichen Weibchen oft an exakt den gleichen Stellen ihr Nest (SCHMIDT & HANTGE 1954). Aus dem Angebot der möglichen Neststandorte (siehe Kap. 3.2.3) wählt vermutlich das Weibchen den endgültigen aus (FRANKEFOORT & HUBATSCH 1966, HORSTKOTTE 1962). Einige Tagen später, bei spätem Brutbeginn und bei Nachbruten meist unmittelbar nach der Nistplatzwahl, beginnt der Nestbau, der ausschließlich vom Weibchen realisiert wird. Nur gelegentlich sammelt auch das Männchen Material, das es dann dem Partner übergibt (GRAY 1973).

Der Nestbau dauert zwei bis fünf Tage, in wärmeren Gegenden ist er etwas kürzer (Heidelberg: 2-3 Tage; SCHMIDT & HANTGE 1954) als in klimatisch rauhen Gebieten (Schwäbische Alb, Alpenvorland: 3-4 Tage, Salzburger Land: 4-5 Tage; BEZZEL & STIEL 1975, PARKER 1990, REBSTOCK & MAULBETSCH 1988a). Hierin spiegeln sich die witterungsbedingt unterschiedlichen Bedürfnisse an die Isolationseigenschaften und somit an die Wandstärke des Nestes wider.

Nach Fertigstellung des Nestes beginnt das Weibchen binnen ein bis zwei Tagen mit der Eiablage. In einem Abstand von 24 Stunden werden die Eier meist zwischen 7.00 und 10.00 Uhr gelegt. In dieser Zeit wird das Nest nur zur Eiablage aufgesucht. In der übrigen Zeit halten sich beide Partner nicht im näheren Nestbereich, häufig sogar für längere Zeit außerhalb des Brutterritoriums auf. Wie die Ankunft im Brutrevier korreliert auch der Beginn des Nestbaues und die Eiablage mit einer länger anhaltenden Schönwetterperiode. Im Fichtelgebirge variierte der Beginn der Eiablage in mehreren Jahren um bis zu 11 Tage (FEULNER 1995).

4.3.2 Vom Ei zum Nestling

In Großbritannien liegt der Brutbeginn zwischen der ersten Mai- und zweiten Juliwoche, mit einem bisher frühesten Brutnachweis eines 6er-Geleges am 28. April 1971 (FULLER & GLUE 1977). Mit steigender Höhenlage verschiebt sich der Termin der Eiablage weiter nach hinten. Im Val Ferret (Kanton Wallis) wurde das erste Ei in ca. 1.500 m ü.NN am 21. Juni, in ca. 1.800 m am 6. Juli gelegt (GEROUDET 1957, Abb. 4.6). Bei Heidelberg (114 m ü.NN) hatten in der 26. Pentade fast 80 % der Population mit der Eiablage begonnen, während in den westschweizer Alpen auf 1.450 m ü.NN erst in der 30. Pentade das erste Ei gelegt wurde (Abb. 4.7).

Mehrfach wurde angenommen, daß in Populationen mit relativ spätem Brutbeginn, also vor allem in größerer Höhe, der Legebeginn einzelner Paare in einem engeren Zeitraum liegt als in Populationen mit relativ frühen Brutbeginn (BEZZEL & STIEL 1977, PARKER 1990). In den westschweizer Voralpen zieht sich der Eiablagebeginn in 950 m über knapp 40 Tage, in 1.450 m sogar über 43 Tage hin (Abb. 4.7). Im Westerwald, Salzburger Land und bei Heidelberg betrug der Zeitraum hingegen maximal 25 Tage, in den bayerischen Alpen auf 890 m sogar nur etwa 10 Tage. Anders als erwartet zieht sich in alpinen und subalpinen Regionen die Eiablage meist über einen deutlich längeren Zeitraum hin als in niedrigeren Lagen, was auf den zeitlichen Verlauf der Ausaperung zurückgeführt wird (LABHARDT 1988b). Die Eiablagetermine sind somit sogar weniger gut aufeinander abgestimmt als zum Beispiel die Ankunft der Tiere in den Brutrevieren.

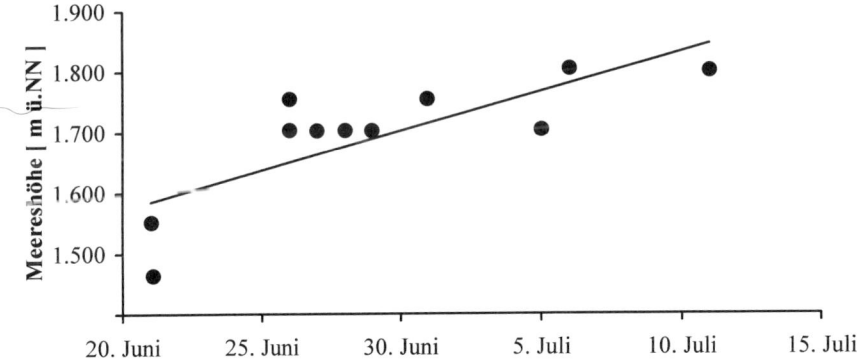

Abb. 4.6: Beginn der Eiablage in verschiedenen Höhenstufen des Val Ferret (Walliser Alpen, SW-Schweiz; nach GEROUDET 1957)

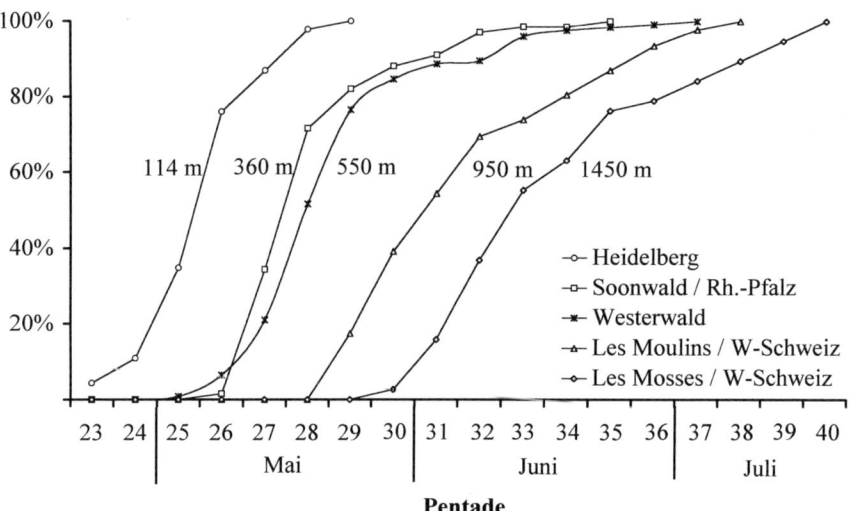

100%

80%

60%   114 m   360 m   550 m   950 m   1450 m

40%   –◦– Heidelberg
                                         –▫– Soonwald / Rh.-Pfalz
20%   –✳– Westerwald
                                         –▵– Les Moulins / W-Schweiz
                                         –◇– Les Mosses / W-Schweiz

23 24 │ 25 26 27 28 29 30 │ 31 32 33 34 35 36 │ 37 38 39 40
       Mai   Juni   Juli

Pentade

Abb. 4.7: Verlauf der Eiablagetermine in verschiedenen Höhenstufen (nach LABHARDT 1988b, KUNZ 1988, SCHMIDT & HANTGE 1954)

Eier und Gelege: Die tief blaugrünen, mattglänzenden Eier (Abb. 4.8) sind spitzoval und höchstens am stumpfen Pol gelegentlich fein bräunlich gefleckt (Größe: 18,1 ± 0,9 x 14,1 ± 0,6 mm [N = 53]; Gewicht: 1,8 ± 0,2 g [N = 17]; BASTIAN & BASTIAN 1993, CATUNEANU 1965, NAUMANN 1820, REBSTOCK & MAULBETSCH 1993, RICHARD 1936). Die Gelegestärke beträgt (2)4 – 7(8) Eier, mit einem Anstieg von Süden nach Norden um 0,08 Eier je Breitengrad (Abb. 4.9). Frühe Gelege und solche aus höheren, alpinen Bereichen sind größer als spätere oder solche aus tieferen Lagen (Abb. 4.10).

Erstbruten haben im Mittel 5,9 Eier (BASTIAN & BASTIAN unpubl., BEZZEL & STIEL 1977, FEULNER 1995, FULLER & GLUE 1977, SCHMIDT & HANTGE 1954), wobei 6er-Gelege die häufigsten sind (Großbritannien: 40 %, Fichtelgebirge: 69 %, Oberpfalz 60 %; Abb. 4.11). Bruten mit acht Eiern sind sehr selten, unter 619 Nestern aus Großbritannien und Deutschland befand sich nur ein 8er-Gelege. Bei noch größeren Gelegen, in zwei Fällen wurde von 12er-Gelegen berichtet (ECCLES 1967, WILCOCK 1921), sind wohl mehrere Weibchen beteiligt (siehe Kap. 4.2). Der Anteil ausgeflogener Jungvögel kann bei 6er- und 7er-Gelegen signifikant höher sein als bei 4er- und 5er-Gelegen (Abb. 4.12), zudem ist der Bruterfolg mehrjähriger Weibchen tendentiell höher als der einjähriger (FEULNER 1995).

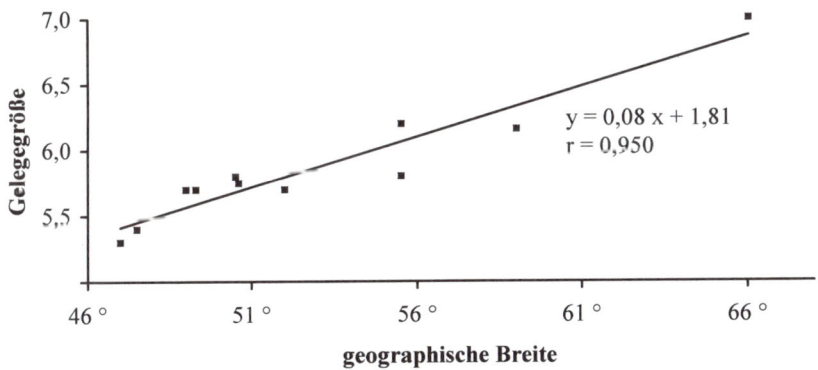

Abb. 4.8: Die Eier sind blaugrün und glänzen matt. Foto A. LABHARDT.

$$y = 0,08\,x + 1,81$$
$$r = 0,950$$

Abb. 4.9: Die Gelegegröße ist in Nordeuropa signifikant größer als im südlichen Verbreitungsareal; sie nimmt um ca. 0,08 Eier je Breitengrad zu (nach verschiedenen Autoren).

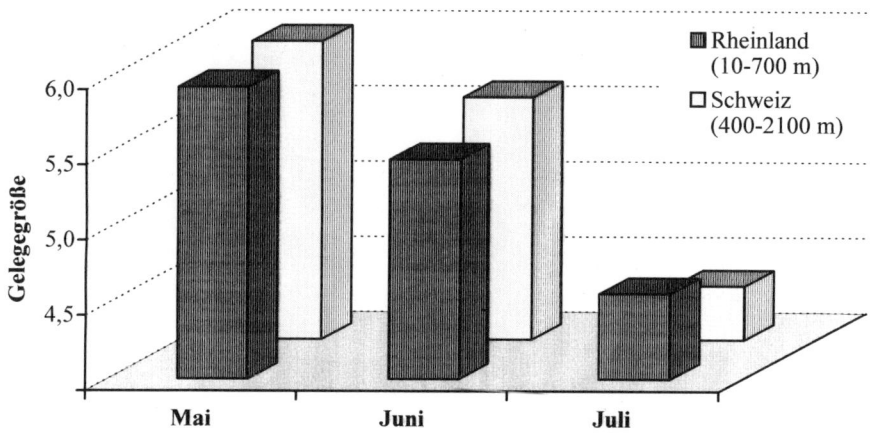

Abb. 4.10: Im Mai werden deutlich größeren Gelege gezeitigt als im Juni und Juli (Kalendereffekt; nach SUTER 1988).

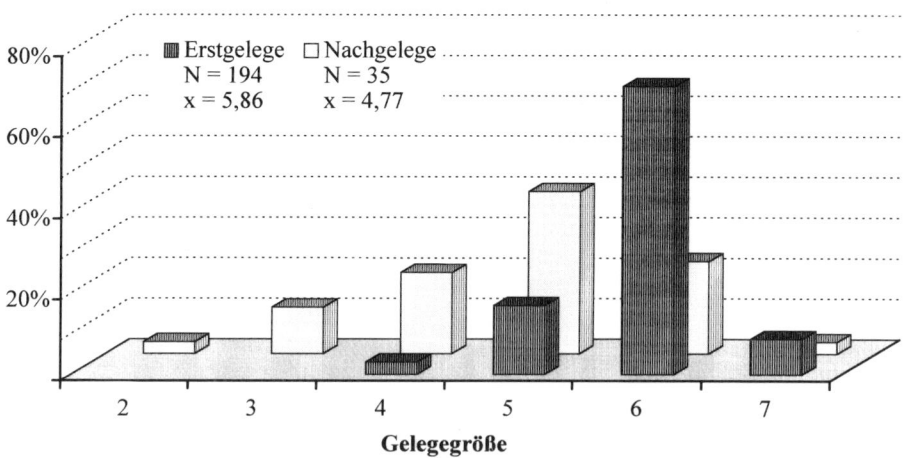

Abb. 4.11: Erstgelege sind im Mittel um 1,1 Eier größer als Nachgelege, zudem beinhalten sie meist sechs, Nachgelege nur fünf Eier (nach BASTIAN & BASTIAN unpubl., BEZZEL & STIEL 1977, FEULNER 1995, FULLER & GLUE 1977, SCHMIDT & HANTGE 1954).

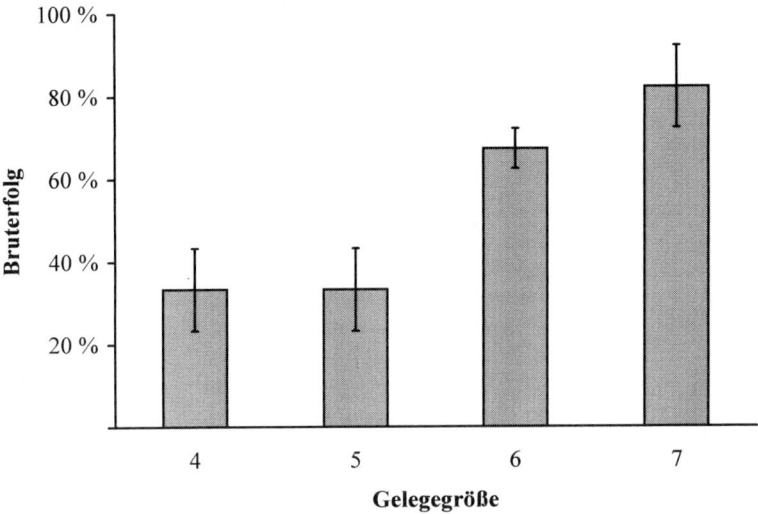

Abb. 4.12: Von 70 oberfränkischen Erstgelegen hatten Nester mit sechs und sieben Eiern einen deutlich höheren Bruterfolg als 4er und 5er Gelege (nach FEULNER 1995).

Das Gelege wird, mit Ablage des letzten Eies, allein vom Weibchen bebrütet. Ihr Verhalten am Nest ist dabei individuell sehr verschieden. Einige verlassen es schon bei Annäherung auf 30-40 m, andere sind kaum störungsempfindlich und fliegen erst bei unmittelbarer Annäherung auf. Zudem brüten sie bei Brutbeginn weniger fest als kurz vor dem Schlüpfen. Störungsunempfindliche Braunkehlchen lassen sich gegen Ende der Brutzeit mitunter sogar mit der Hand vom Nest fangen (PARKER 1990, SCHMIDT & HANTGE 1954). Dem Männchen kommt in dieser Zeit die Aufgabe zu, seinen Brutpartner vor Gefahren zu warnen. Es hält sich die meiste Zeit in Nestnähe auf und verläßt ihn selbst zur Nahrungssuche nur kurz.

Die Brutdauer, ab der Ablage des letzten Eies, beträgt 11 bis 14 Tage; bei Balingen waren es in 73 % der Fälle 12-13, ansonsten 11-12 Tage (REBSTOCK & MAULBETSCH 1988a). In Lappland ist sie in Anpassung an die kurze Sommer- und damit Brutzeit arktischer Lebensräume mit 10-12 Tagen geringfügig kürzer (LENNERSTEDT 1964).

Nachgelege und Zweitbruten: Nach Verlust einer Brut können Braunkehlchen binnen einer Woche mit einem Nachgelege beginnen, es kann aber auch ein Zeitraum von bis zu vier Wochen verstreichen, in dem beide Brutpartner das Revier verlassen. Sie lassen sich um so mehr Zeit, je früher die Erstbrut verloren geht. Meist wird der Neststandort und in nahezu der Hälfte aller Fälle auch der Brutpartner gewechselt (CRAMP 1988, PARKER 1990, SCHMIDT & HANTGE 1954). PARKER (1990) vermutet, daß nach Verlust der Erstbrut generell ein Ersatzgelege gezeitigt wird. Bei einem Verlust kurz vor Flüggewerden der Jungen reicht dazu aber oft die Zeit nicht mehr. Diese erfolglosen Vögel beginnen dann als erste der Population bereits mit Vorbereitungen für den Herbstzug.

Nachgelege sind mit durchschnittlich 4,77 Eiern deutlich kleiner als Erstgelege (BEZZEL & STIEL 1977, FEULNER 1995; Abb. 4.11); die häufigste Eizahl ist fünf (Deutschland: 40 %). Vollgelege mit weniger als vier Eiern sind bisher nur von Nachbruten bekannt. Unbefruchtete Eier sind in Nachgelegen generell häufiger als in Erstbruten, was HORSTKOTTE (1962) auf hormonelle Faktoren zurückführt. Der Bruterfolg ist bei Nachbruten aber dennoch kaum niedriger als bei Erstbruten (SACHER 1993), wegen der geringeren Anzahl an Totalverlusten gelegentlich sogar höher (FEULNER 1995). Die Brutdauer war im Alpenvorland mit im Mittel 13 Tagen geringfügig länger als die der Erstgelege (12 Tage; BEZZEL & STIEL 1977).

Zweitbruten sind insgesamt zwar Ausnahmen, treten aber immer wieder auf (z. B. BEZZEL & STIEL 1975, GRÄNITZ 1955, GRAY 1973, HEERDE 1983, KUMMER 1960, SACHER 1993, SCHMIDT & HANTGE 1954). Ihre Gelegegröße ist, nach Auswertung der wenigen Daten, gleich groß wie die der Erstbruten. SCHMIDT & HANTGE (1954) beobachtete ein Paar, von dem mindestens einige Jungvögel der ersten Brut noch gefüttert wurden, dasselbe Weibchen aber „bereits wieder mindestens beim Legen des 2. Geleges gewesen" sein mußte. Dies ist für Braunkehlchen bisher der einzige Nachweis einer Schachtelbrut. KUMMER (1960) fand hingegen, daß die Jungen der ersten Brut vom Männchen aus dem Brutterritorium der Zweitbrut verjagt wurden.

Die Verdrängung der Braunkehlchen aus den relativ warmen, landwirtschaftlich aber intensiv genutzten Niederungen in höhere Lagen verkürzt die potentielle Brutzeit um etwa 2 Wochen (siehe Kap. 3.4.1). Verlorengegangene Bruten durch Nachbruten zu kompensieren oder den Gesamtbruterfolg einer Population mittels Zweitbruten zu verbessern, ist heute wegen dieses zeitlichen Engpasses immer weniger möglich. Wie wichtig diese Kompensationsmöglichkeiten aber sind, beschrieb SCHUSTER (1904/1905). Eine Population, die Jahr für Jahr durch frühe Mahdtermine einen Großteil ihrer Erstgelege verlor, konnte nur durch regelmäßige Nach- und Zweitgelege über viele Jahre hinweg im Bestand stabil gehalten werden.

Brüten und Brutpausen: Die Eitemperatur wird selbst bei Umgebungstemperaturen von nur knapp über 0°C konstant zwischen 26°-30°C gehalten. In Lappland saßen Weibchen in Folge der sehr hellen Polarnächte aber nur 3-5 Stunden, von maximal 23.00 bis 5.00 Uhr, meist also erst nach Mitternacht, fest auf den Eiern (LENNERSTEDT 1973). Folglich kann die Eitemperatur allein durch die Wärmeisolation des Nestes, ohne lange kontinuierliche Brutphasen, hoch gehalten werden. Bei mehreren über insgesamt 23 Stunden beobachteten Paaren wurden am Tag vor dem Schlüpfen der Jungen Brutphasen von 1,2 bis 54 Minuten ermittelt. Die Brutpausen waren 3,5 bis 10 Minuten lang, in den Mittag- und Abendstunden dauerten sie sogar bis zu 30 Minuten (BASTIAN & BASTIAN unpubl.).

Um die Entdeckung des Neststandortes möglichst zu verhindern, verlassen Weibchen beim Abflug vom Nest den näheren Nestbereich meist sehr rasch. In den Brutpausen jagen sie und betreiben Gefiederpflege. Bei sonnig-warmem Wetter legen sie zudem eine Ruhepause ein oder nehmen ein Sonnenbad, ehe sie weiter brüten. Bei kühl-regnerischem Wetter werden die Brutpausen kürzer gehalten.

Mit dem Moment, wenn Weibchen das Nest verlassen, werden sie von ihren Männchen begleitet („mate guarding", Abb. 4.5). Insbesondere in der frühen Brutphase halten die Partner engen Kontakt und folgen einander in einem Abstand von kaum mehr als 10-15 Metern. Mit fortschreitender Brut verlassen die Männchen den engeren Nestbereich immer seltener. Während das Weibchen weiterjagt, bewacht das Männchen nun von einer Sitzwarte aus das Nest (Abb. 4.5).

In der ersten Brutphase ist es für das Männchen offensichtlich wichtiger, den Brutpartner zu begleiten. Das Männchen warnt vor Gefahren, so daß das Weibchen konzentrierter und somit in kürzerer Zeit die Nahrungssuche beenden und das Brutgeschäft wieder aufnehmen kann. Zudem sind sie bemüht, Kopulationen mit fremden Männchen zu verhindern, um bei einem möglichen Nachgelege auch sicher der Vater der Nachkommen zu sein. Gelegeverluste können in dieser Zeit mit sehr großer Wahrscheinlichkeit noch durch ein Nachgelege ersetzt werden. Erst mit fortschreitender Brut wird dies aus Zeitmangel immer unwahrscheinlicher. Für Männchen hat dies zur Konsequenz, daß sie nun mehr bemüht sind, das Gelege vor Ausplünderungen zu bewahren, um so die Weitergabe ihrer Gene in eine nächste Generation zu sichern.

Gegen Ende der Brutzeit kann immer wieder beobachtet werden, wie Männchen Insekten fangen und sich mit ihrer Beute mehrere Minuten lang auf die Nestwarte setzen. Es scheint, als ob sie das Schlüpfen der Jungtiere „erwarten" würden. Mitunter fliegt das Männchen auch mit dem Futter zum Nest, obwohl noch kein Jungtier geschlüpft ist. Das Futter wird statt dessen an den Partner verfüttert oder selbst gefressen, was als eine Maßnahme zur Festigung der Paarbindung gedeutet wurde (PARKER 1990). Uns scheint es aber ebenso wahrscheinlich, daß das Männchen sozusagen „auf Probe" mit Futter ans Nest fliegt. Ansonsten beginnen Männchen unseren Beobachtungen nach mit dem Füttern, nachdem sie erstmals beobachtet haben, wie das Weibchen mit Futter zum Nest fliegt.

4.3.3 Nestlinge wachsen heran

Ab Ende Mai schlüpfen die Jungen zu einer Zeit, wenn die Arthropodenfauna und damit auch das Nahrungspotential ihr Maximum erreicht. Bis zu
24 Stunden kann es dauern, bis alle Jungvögel eines Geleges geschlüpft
sind. Die Schlüpfsynchronisation ist aber meist nur bei ein oder zwei Nestlingen verzögert, deren Überlebenswahrscheinlichkeit dennoch nicht vermindert ist. Eischalen werden von den Elterntieren wegtransportiert, taube
Eier bleiben im Nest zurück.

Ab dem Schlüpftag ist das Männchen in die Jungenbetreuung eingebun-
den, jedoch nur zum Füttern; gehudert wird ausschließlich vom Weibchen.
Am Schlüpftag werden die Jungen am intensivsten gewärmt, Weibchen in-
vestieren dann mehr als 70 % ihrer Tagesaktivität dazu. Wie die einzelne
Brutphasen, sind auch die Huderphasen zwischen einer und etwa 45 Minuten lang. Bei kühler und feuchter Witterung können sie sogar noch länger
dauern.

In den ersten vier bis fünf Tagen sind Nesthocker grundsätzlich noch
nicht zur Thermoregulation befähigt. Um den Wärmeverlust zwischen den
Huderphasen zu minimieren, bilden die Jungtiere am ersten Lebenstag ein
Knäuel miteinander. Später nehmen sie eine Sitzordnung ein, die als Wärme-
pyramide auch von anderen Vögeln bekannt ist. Köpfe und Hälse liegen dabei auf den jeweils gegenüber sitzenden Geschwistern. Die Huderintensität
der Weibchen nimmt bis zum fünften Lebenstag der Jungen kontinuierlich
ab, anschließend verbringen sie nur noch etwa 5 % ihrer Aktivität am Nest,
kaum mehr als die nicht hudernden, sondern nur Futter bringenden Männchen (BASTIAN & BASTIAN unpubl.). Ab dem fünften Lebenstag hudern sie gewöhnlich nur noch bei besonders kühler Witterung intensiver.

Füttern: Die Fütterfrequenz steigt mit dem Alter der Jungtiere von etwa drei
Fütterungen je 15 min in den ersten vier Lebenstagen auf bis über zehn je
15 min bei älteren Nestlingen an (Abb. 4.13). Kurzzeitig kann sehr viel
häufiger gefüttert werden. Dabei ist die Fütterungsaktivität der Männchen
bei fünf bis acht Tage alten Jungvögeln im Mittel höher als die der Weibchen, die ihre Fütterfrequenz erst ab dem neunten Tag merklich steigern
(Abb. 4.15). Auch MÜLLER (1985) fand, daß bis zu sieben Tage alte Nestlinge
häufiger von Männchen gefüttert wurden. Bei anderen Paaren wurde die
Fütterleistung jedoch maßgeblich vom Weibchen übernommen (KIERDORF-
TRAUT 1975). Ältere Nestlinge werden von beiden Brutpartnern in etwa gleichem Maße gefüttert (REBSTOCK & MAULBETSCH 1988a).

Bei fünf Jungvögeln und unter Annahme, daß bei einer Fütterung nur ein
Vogel Nahrung erhält, wird auf Basis der ermittelten Fütterfrequenzen in
den ersten vier Lebenstagen jeder Jungvogel etwa alle halbe Stunde, später in einem Abstand von 5-10 Minuten gefüttert. Diese hohe physische

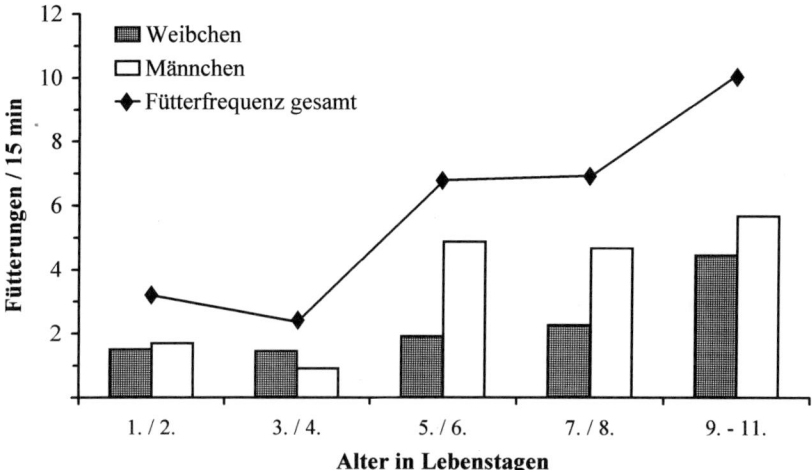

Abb. 4.13: Acht Brutpaare wurden über 12¾ Stunden beobachtet. Die Fütter-frequenz nahm mit dem Alter der Nestlinge kontinuierlich zu. Während in den ersten vier Tagen beide Partner im Mittel etwa gleich häufig fütterten, dominierten anschlie-ßend die Männchen. Ab dem 9. Lebenstag waren beide Partner dann wieder zu gleichen Teilen beteiligt.

Belastung der Elterntiere führt dazu, daß ihr Gewicht in dieser Zeit auf Tiefst-werte absinkt (LABHARDT 1984).

Der Kot der Jungvögel wird in den ersten beiden Lebenstagen von den Alttieren gefressen, etwa ab dem dritten Lebenstag fortgetragen und während des Fluges oder von einer Warte aus fallengelassen.

Die Versorgung der Jungtiere kann im Notfall auch von einem Brutpartner alleine aufgebracht werden. Sechs Jungvögel wurden an ihrem zweiten Lebenstag noch intensiv von beiden Elterntieren gefüttert (Männchen: 3,5 Fütterungen/15 min; Weibchen: 2,1 Fütterungen/15 min). Ab dem dritten Lebenstag konnte dann nur mehr das Weibchen beobachtet werden, der weitere Verbleib des Männchens blieb unklar. Das Weibchen flog am dritten Lebenstag der Jungen mehr als sechs mal in 15 Minuten mit Futter ans Nest und hatte damit die fehlende Fütterleistung des Männchens vollstän-dig kompensiert. Da die Jungen in diesem Alter zusätzlich noch gehudert werden mußten, verbrachte das Weibchen trotz der zahlreichen Fütterun-gen noch mehr als 40 % ihrer Tageszeit auf dem Nest. Alle Jungen flogen aus. Bei diesem Weibchen konnte aber mehrfach beobachtet werden, wie es das Nest auch aus großer Entfernung unmittelbar anflog. In der Regel bleiben Elterntiere einige Sekunden lang mit Futter im Schnabel auf der

Nestwarte sitzen und sichern die Umgebung, ehe sie ans Nest fliegen. Dieses Weibchen hatte für diese Sicherheitsmaßnahmen offenkundig keine Zeit mehr.

Manchmal helfen unverpaarte einjährige, aber auch ältere Männchen bei der Fütterung einer Brut mit. Ein als Nestling beringtes Männchen war im Alter von vier und sieben Jahren unverpaart und half in diesen Jahren bei der Fütterung anderer Paare mit. Von den revierinhabenden Männchen wurde der Helfer, mit Ausnahme einiger kurzer Aggressionen, geduldet. In den Jahren dazwischen brütete es viermal erfolgreich (PARKER 1990).

Jugendentwicklung: Beim Schlüpfen wiegen Braunkehlchen 2,1 ± 0,2 g (N = 10, Abb. 4.14) und sind damit etwa gleich schwer wie hochbebrütete Eier (1,8 ± 0,2 g; N = 17; BASIIAN & BASTIAN 1993); ihre Körperlänge beträgt 32,5 ± 1,7 mm (N = 10; REBSTOCK & MAULBETSCH 1993). In der ersten Lebensstunde wiegen sie 1,8 g, nach sechs Stunden knapp 2 g und am Ende des ersten Tages bereits 2,5 g. Unter Annahme eines Schlüpfgewichtes von 1,8 g und eines Adultgewichtes von 17 g beträgt das Gewicht eines gerade geschlüpften Jungvogels 11 % der eines Altvogels. Damit liegt der Wert deutlich über den 6-8 %, die allgemein für Passeres gelten (NICE 1943).

Bis zum 9. Lebenstag erreichen mitteleuropäische Braunkehlchen ein Gewicht von etwa 17 g (Abb. 4.14) und nehmen damit im Mittel 1,63 g am

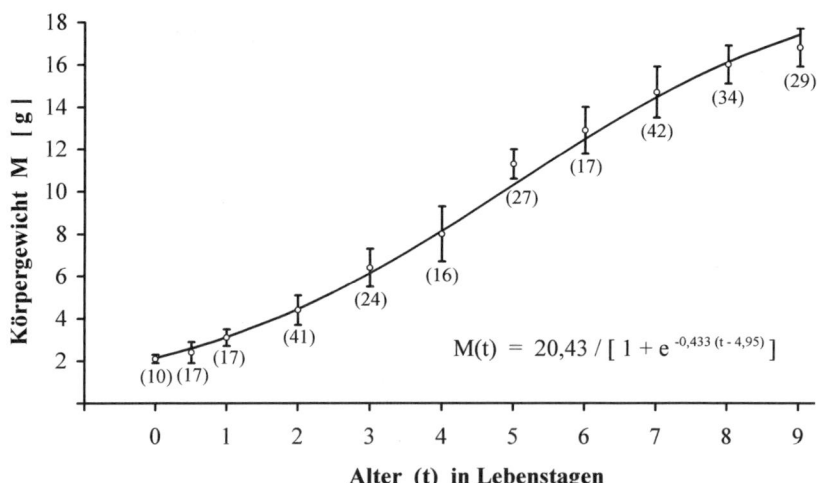

Abb. 4.14: Mittlere Körpergewichte nestjunger Braunkehlchen (± SD) sowie die angepaßte logistische Wachstumskurve mit Gleichung. An jedem Datenpunkt ist die Anzahl der gewogenen Jungtiere in () angegeben.

Tag zu, mit einer maximalen Gewichtzunahme am 5. Lebenstag (BASTIAN &
BASTIAN 1993). In Lappland wurde eine mittlere tägliche Gewichtszunahme
von 2,0 g gemessen (LENNERSTEDT 1964). Diese rasche Zunahme nordischer
Populationen ist möglicherweise eine Anpassung an subarktische Lebens-
bedingungen, da sie dadurch schneller in einen Homiothermiezustand kommen können.

In den ersten fünf Lebenstagen beträgt die tägliche Gewichtszunahme
40-50 % des jeweiligen Körpergewichtes, anschließend sinkt der Wert auf
5-15 % ab (BASTIAN & BASTIAN 1993). Etwa am 5. Lebenstag öffnen Nestlinge
erstmals auch die Augen, die Federkiele brechen durch und die Huderaktivität

Abb. 4.15: Etwa neun Tage alte Nestlinge. Foto A. LABHARDT.

3 cm

Abb. 4.16: Bei 8-9 Tage alten Jungvögeln (rechts) sind die Füße überproportional groß, was für bodenbrütende Nesthocker jedoch typisch ist. Die Größe von Tarsometatarsus und Zehen entsprechen schon in diesem Alter der von Altvögeln (links, siehe Abb. 4.17). Zeichnung F. MÜLLER, Jungvogel nach Foto von A. und H.-V. BASTIAN.

des Weibchens wird deutlich reduziert. Die Jungvögel haben in diesem Alter die Fähigkeit zur Thermoregulation erlangt. In der Entwicklung der Braunkehlchen ist der 5. Lebenstag somit von einschneidender Bedeutung. Vor dem Hintergrund dieser physiologischen und morphologischen Ereignisse ist es verständlich, daß Jungvögel in Zeiten von Nahrungsengpässen am häufigsten in den ersten vier bis fünf Lebenstagen sterben (REBSTOCK & MAULBETSCH 1988a, SCHMIDT & HANTGE 1954).

Ab dem achten Lebenstag beschleunigt sich das Federwachstum, so daß auch nackte Körperpartien zunehmend bedeckt werden (Abb. 4.15), am 12. Lebenstag beträgt der Körperbedeckungsgrad 95-100 % (REBSTOCK & MAULBETSCH 1993).

Die Hinterextremitäten haben bereits am 9. Lebenstag Adultmaße erreicht. Im Vergleich zu anderen Körperteilen entwickeln sich die Füße besonders rasch (Abb. 4.16), da Flügel- und Körperlängen sogar am 12. Lebenstag erst zu 60-65 % ausgereift sind (ontogenetische Allometrie; Abb. 4.17). Die schnelle Entwicklung von Tarsometatarsus und Tibiotarsus ist eine An-

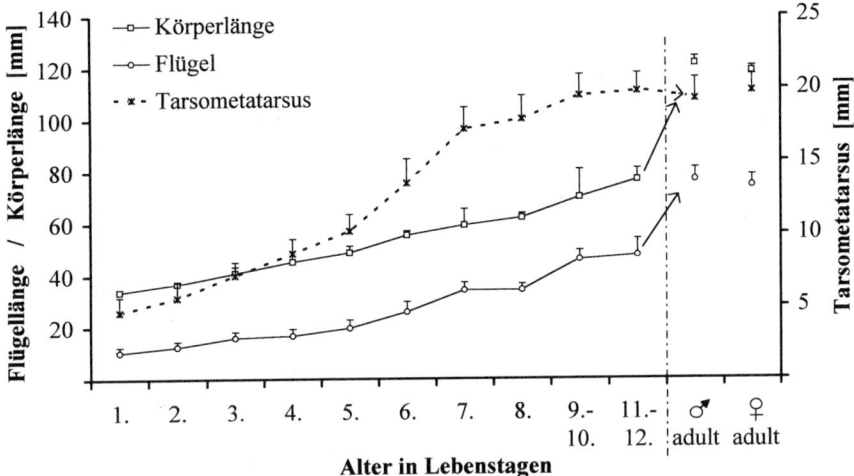

Abb. 4.17: Frühe Körper-, Flügel- und Fußentwicklung sowie entsprechende Maße der Adulttiere. Die rasche Entwicklung der Beinextremitäten (Tarsometatarsus und Tibiotarsus) erlaubt ein frühzeitiges Verlassen des Nestes etwa ab dem 9. Lebenstag. Körper- und Flügellänge haben dagegen auch bis zum 12. Lebenstag noch längst keine Adultmaße erreicht (nach REBSTOCK & MAULBETSCH 1993).

passung an ihre Brutbiologie. Nester von Bodenbrütern sind zwar generell gut gegen Luftfeinde geschützt, nicht jedoch gegenüber am Boden lebenden Räubern. Auf Weiden kommt hinzu, daß das Nest durch Vieh zertreten werden kann. Für Nestlinge von Bodenbrütern ist es daher grundsätzlich vorteilhaft, möglichst schnell flügge zu werden. Braunkehlchen sind bei Störungen infolge des raschen Beinwachstums bereits ab dem 9. Lebenstag in der Lage, das Nest „zu Fuß" zu verlassen. Da ihr Flugvermögen bis dahin noch lange nicht ausgereift ist, ist freilich weniger von Ausfliegen, sondern vielmehr von einem „Auslaufen" zu sprechen. Gelegentlich kehren Vögel, die vorzeitig das Nest verlassen haben, nach einiger Zeit wieder zurück, oft bleiben sie aber auch in der hohen Vegetation der Nestumgebung versteckt. Ungestört verlassen Nestlinge nach 11-14 Tagen zu Fuß das Nest, in subpolaren Gebieten sogar schon nach 10-12 Tagen (LENNERSTEDT 1964). Anschließend halten sie ständigen Rufkontakt mit den Eltern (GEROUDET 1957, GROEBBELS 1950, HORSTKOTTE 1962, REBSTOCK & MAULBETSCH 1993, SCHMIDT & HANTGE 1954). Fliegen können sie erst mit 17 Tagen, also lange nachdem sie, wie übrigens auch verschiedene Lerchenarten (VERBEEK 1967), ihr Nest verlassen haben.

Wenn Braunkehlchen das Nest verlassen, haben sie ein Gewicht von 17,0 bis 20,8 g erreicht (BASTIAN & BASTIAN 1993, LENNERSTEDT 1964, REBSTOCK & MAULBETSCH 1993; Abb. 4.14), so daß das Adultgewicht von ebenfalls etwa 17 g um bis zu 20 % überschritten wird. Beim Steinschmätzer sind Ausfliege- und Adultmasse nahezu gleich. Feldlerchen leben unter ähnlichen ökologischen Bedingungen, verlassen das Nest gewöhnlich aber bereits nach neun Lebenstagen und sind beim Ausfliegen infolgedessen bis zu 30 % leichter als Altvögel (VERBEEK 1988).

4.3.4 Vielfältige Gefahren für einen Wiesenbrüter

Der Aufzuchterfolg variiert in verschiedenen Populationen zwischen 25 % und 70 % der gelegten Eier, wobei pro Paar im Mittel 3 bis 5 Jungen flügge werden (BEZZEL & STIEL 1977, FULLER & GLUE 1977, LABHARDT 1988b, REBSTOCK & MAULBETSCH 1988a, SMITH 1990). Die meisten Verluste ereignen sich bis zum Ausfliegen der Jungen; von den geschlüpften Braunkehlchen erleben nur etwa Zweidrittel das erste Brutjahr.

Auf Mähwiesen ist die Mahd selbst der bedeutendste Mortalitätsfaktor (Abb. 4.18), ansonsten überwiegt der Einfluß von Corviden (BASTIAN & BASTIAN unpubl., LABHARDT 1988b, SCHMIDT & HANTGE 1954). In einer westschweizer Population verursachte allein die Wiesenmahd 39 von 63 Nestverlusten (62 %). Auch nach Verlassen des Nestes sind die Küken durch Mahd gefährdet, da sie sich, solange sie noch flugunfähig sind, in dem hohen Gras der Wiese verstecken (Abb. 4.19). Nachdem die Jungvögel ausgeflogen waren, ging der Bruterfolg noch um weitere 20 % zurück. Auf einer höher gelegenen Wiese mit Almwirtschaft, die erst Ende Juli gemäht wurde, blieb der Bruterfolg nach dem Ausfliegen der Jungvögel dagegen weitgehend konstant (LABHARDT 1988b; Abb. 4.18). Hier wurde nur eine Brut, wahrscheinlich ein Nachgelege, ausgemäht (5,3 %), die stärksten Verluste wurden hier durch weidendes Vieh verursacht (63 %).

Corviden können Bruten vernichten. Bei Heidelberg plünderte nur ein einziges Elsterpaar (*Pica pica*) 15 der insgesamt 129 kontrollierten Nester (12 %). In der gleichen Population gingen jedoch weitere 40 Bruten durch Mahd und künstliche Überschwemmung der Mähwiesen verloren. Dennoch blieb der Bestand über Jahre hinweg konstant (SCHMIDT & HANTGE 1954). Im Salzburger Land gingen 15 % der Bruten durch Krähen, 45 % aber durch eine naßkalte Witterung verloren (BEZZEL & STIEL 1977, LABHARDT 1988b, PARKER 1990). Im bayerischen Voralpenland war die Ursache von über 54 % aller Totalverluste der hohe Prädationsdruck von Corviden. Hier war infolge einer nahegelegenen Müllkippe die Dichte der Krähen (*Corvus sp.*) und Kolkraben (*Corvus corax*) besonders hoch.

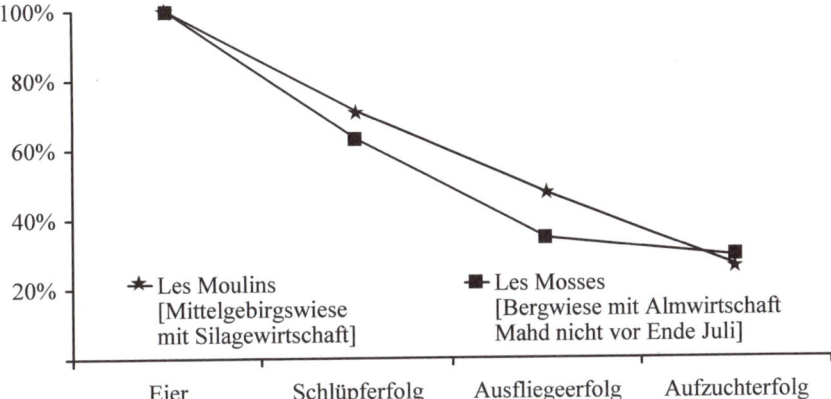

Abb. 4.18: Nach dem Ausfliegen der Jungvögel kann es auf intensiv bewirtschafteten Flächen zu weiteren Verlusten durch die Wiesenmahd kommen (Les Moulins). Auf Flächen, die nicht oder erst sehr spät gemäht werden, ist der Ausfliegeerfolg dagegen nahezu identisch mit dem endgültigen Aufzuchterfolg (nach Labhardt 1988a).

Abb. 4.19: Jungvögel verlassen das Nest lange bevor sie flugfähig sind. In dieser Zeit leben sie gut versteckt in der hohen Vegetation. Foto A. Labhardt.

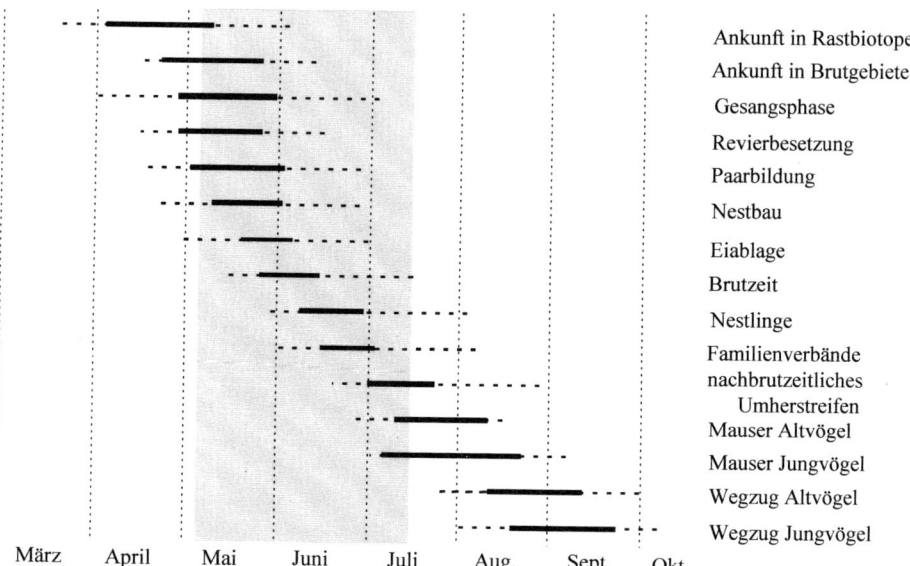

Ankunft in Rastbiotope
Ankunft in Brutgebiete
Gesangsphase
Revierbesetzung
Paarbildung
Nestbau
Eiablage
Brutzeit
Nestlinge
Familienverbände
nachbrutzeitliches
Umherstreifen
Mauser Altvögel
Mauser Jungvögel
Wegzug Altvögel
Wegzug Jungvögel

März   April   Mai   Juni   Juli   Aug.   Sept.   Okt.

Abb. 4.20: Der Sommerkalender der Braunkehlchen. Als dicker Balken sind Hauptzeiten dargestellt, gepunktet der maximale Zeitraum einzelner Aktivitäten. Grau hinterlegt ist der Zeitraum, während der intensiv bewirtschaftete mitteleuropäische Wiesen im allgemeinen gemäht werden.

Selten stellen Füchse (*Vulpes vulpes*), Katzen, eventuell auch Hermelin (*Mustela erminea*) und Mauswiesel (*Mustela nivalis*) den Nestlingen nach. Gelegentlich wird von Verlusten durch Mäuse, Schnecken und in einem Fall durch Laufkäfer (*Carabidae)* berichtet (BEZZEL & STIEL 1977, FEULNER 1995, SCHMIDT & HANTGE 1954). Dabei ist meist nicht klar, ob diese „Räuber" tatsächlich den Tod der Nestlinge verursachten, oder ob sie bloß an toten Tieren beobachtet wurden. Der Kuckuck (*Cuculus canorus*) parasitiert nur sehr selten beim Braunkehlchen; unter 650 Kuckucknachweisen waren sie zweimal betroffen. Dabei waren es wohl „Wiesenpieper"- oder „Schafstelzen"-Kuckucke, die das Nest eines Braunkehlchens mit einem Kuckucksei belegten (HENNING 1967).

Populationen mit einer hohen Reproduktionsrate können grundsätzlich auch hohe Mortalitätsraten ausgleichen. Eine Computersimulation belegte, daß konstante Prädationsraten von jährlich 45-50 % selbst bei schlechter Witterung kompensiert werden, wenn nicht zusätzlich noch landwirtschaftlich bedingte Verluste hinzukommen (BASTIAN 1989). Andererseits sind Verluste durch die Landwirtschaft, die mit drastischen Veränderungen der Vegetation und Arthropodenfauna einhergehen (BASTIAN et al. 1994), auch dann kaum zu kompensieren, wenn andere Mortalitätsfaktoren ausgeschaltet sind. Verluste durch die Wiesenmahd müssen daher prinzipiell sehr viel kritischer beurteilt werden als etwa gleich hohe Verluste durch Krähen oder naßkalte Witterung.

Landwirtschaftliche Aktivitäten als wichtigsten Mortalitätsfaktor für Braunkehlchen herauszustellen, ist allein auch schon deswegen gerechtfertigt, weil die Hauptzeit der Wiesenmahd zur Gewinnung von Silage in Mitteleuropa zwischen Anfang Mai und Mitte Juli genau in die Zeit fällt, wenn Braunkehlchen ihre Nester bauen, Eier erbrüten und Jungen füttern (Abb. 4.20). Früher, aber auch später gemähte Wiesen liefern eine merklich geringere Futterqualität. Da aber Grünländer, also die potentiell wichtigsten Bruthabitate der Braunkehlchen, bei uns heute im weit überwiegenden Maße als Silagewiesen bewirtschaftet werden, ist die Kollision der Brutzeit mit der Mähaktivität der Landwirte entscheidend dafür verantwortlich, daß Braunkehlchen in ganz Mitteleuropa zu den gefährdeten Brutvogelarten zählen.

4.3.5 Familien ziehen umher

Jungvögel einer Brut verlassen das Nest innerhalb weniger Stunden und suchen es später selbst zum Übernachten nicht wieder auf (REBSTOCK & MAULBETSCH 1988a). Flugfähig werden sie erst nach weiteren drei bis vier Tagen. Bis dahin verteilen sie sich weiträumig im Gelände und vergrößern ihren Aktionsraum täglich. Sie leben sehr versteckt in hohen, dichtwüchsigen Wiesen, Staudendickichten oder Getreidefeldern und sind in diesen Tagen kaum zu sehen (Abb. 4.19). Einzelne Vögel können dabei bis zu 150 Meter voneinander getrennt werden und auch außerterritoriale Räume nutzen (HORSTKOTTE 1962, PARKER 1990). Wenn sie mit 17-19 Tagen flugfähig sind, kommt der Familienverband wieder zusammen, der zwei bis vier Wochen bestehen bleibt (GARLING 1933, REBSTOCK & MAULBETSCH 1988a).

Die Familien ziehen anschließend sehr rasch aus ihren Brutrevieren in nahrungsreiche Gebiete ab und werden dann sogar auf Kartoffeläckern, Rübenschlägen und in Weizenfeldern beobachtet. Auch wenn Jungvögel schon ab dem 21. Lebenstag das erste eigene Futter aufnehmen (STÖBENER 1977), werden sie bis zu einem Alter von etwa einem Monat regelmäßig gefüttert, gelegentlich betteln sie sogar noch bis Mitte Juli um Futter. Jungvögel lernen in dieser Zeit Gebiete kennen, die sie in späteren Jahren bei der Brutortwahl mit berücksichtigen. Die nachbrutzeitlichen Nahrungsräume können weit außerhalb der Brutterritorien liegen und werden solange, wie der Familienverband besteht, vom Männchen gegenüber Artgenossen verteidigt (HORSTKOTTE 1962, SCHMIDT & HANTGE 1954). GROEBBELS (1950) nimmt dagegen an, daß nicht das Nahrungsrevier, sondern vielmehr der Familienverband verteidigt wird.

Ende Juni verläßt die Hauptmasse der Braunkehlchen ihr Brutrevier, Mitte Juli sind die Reviere vollständig verwaist. Einem ungerichteten Umherstreifen der Familienverbände folgt anschließend ab Ende Juli bis Anfang August ein streng nach Süden bis Südwesten orientierter Wegzug der Braunkehlchen mit verstärkter Zugaktivität ab Mitte August (Abb. 4.20). Die letzten, aus Nachbruten stammenden Braunkehlchen können bis Ende August beobachtet werden, spätestens dann beginnt auch für diese Nachzügler der Herbstzug. Extreme Zugdaten sind aus dem November bekannt (HELLMICH 1987).

4.4 Federwechsel für den Zug

Schon mit dem Abwandern in nahrungsreiche Gebiete beginnen Braunkehlchen ihre Vorbereitungen für den Herbstzug. Der Körper muß auf die bevorstehenden Strapazen des mehrere Tausend Kilometer weiten Zuges physiologisch optimal eingestellt werden. Dies ist verbunden mit umfangreichen hormonellen Veränderungen, dem Aufbau eines Energievorrates in Form von Depotfett und vor allem dem Erneuern des über das Brutjahr hinweg stark abgenutzten Federkleides.

Dauer und Ablauf der Mauser entspricht dabei der des Steinschmätzers (SNOW 1969). Ab Ende Juni, meist jedoch erst im Juli beginnen Altvögel ihre postnuptielle Vollmauser mit dem Wechsel des Großgefieders (descendente Mausersequenz, KASPAREK 1981). Hauptmauserzeit ist Mitte Juli bis Anfang August, wobei Männchen deutlich den Anfang machen (PARKER 1990). Nach etwa 30 Tagen ist die Großgefiedermauser beendet. Das Kleingefieder wird über einen Zeitraum von etwa 50 Tagen gewechselt (CRAMP 1988).

Da in den traditionellen Rastgebieten aber bereits Mitte Juli nur noch vereinzelt Braunkehlchen mit Großgefiedermauser gefangen werden (BERTHOLD et al. 1991), muß angenommen werden, daß sie den Herbstzug mit frischem Großgefieder beginnen. Bei den Ausnahmen handelt es sich um Vögel, die sogar noch bis Mitte September mit einzelnen unvermauserten Schwungfedern gefangen werden. Selbst für Jungvögel aus Nachbruten wäre dies ein überaus später Mausertermin. Wahrscheinlich ziehen diese wenigen Braunkehlchen mit teilweise alten Federn, unterbrechen die postnuptielle Mauser und schließen sie erst im Winterquartier ab („suspended moult").

Jungvögel beginnen bereits mit fünf bis sechs Wochen an Brust, Flanken und den unteren Flügeldecken mit ihrer postjuvenilen Mauser, die, anders als bei Altvögeln nur eine Teilmauser und in einem Alter von 9-10 Wochen abgeschlossen ist (CRAMP 1988, KASPAREK 1981). Insgesamt zieht sich die Mauserzeit bei Jungvögeln über acht bis zehn Wochen hin und ist damit deutlich länger als die der Altvögel.

5 Wege aus der Krise

Dichte und Stabilität von Braunkehlchenpopulationen stehen in umgekehrten Verhältnis zur Wirtschaftsstabilität und zum Wohlstand verschiedener Staaten (siehe Kap. 2.3.2). In West-, Mittel- und auch Nordeuropa muß die Bestandssituation langfristig als sehr kritisch bewertet werden. Am westlichen Verbreitungsrand der Braunkehlchen führen Habitatverluste schon seit etwa 50 Jahren zu gravierenden Bestandsrückgängen. Veränderungen der Vegetationsstruktur durch intensive Landwirtschaft, verbunden mit massiven Beeinträchtigungen des verfügbaren Nahrungsangebotes, zerstören Wiesenbiotope und vernichten damit die Lebensgrundlage der Vögel. Die Verdrängung aus Optimalstandorten hat Folgen auf den Brutbeginn. Die Vorkommen konzentrieren sich heute auf Mittel- und Hochgebirgslagen. Hier beginnt die Brutsaison jedoch etwa zwei Wochen später als in Niederungen und der Nestbau dauert länger, so daß die Eiablage verzögert und die Brutzeit um bis zu 20 % verkürzt ist. Das Braunkehlchen hat dadurch heute, anders als noch vor einen halben Jahrhundert, auch weniger Zeit, Brutverluste durch Nachbruten zu kompensieren. Zudem ist in Niederungen eher Zeit für Zweitbruten gegeben. Es wäre interessant und für die Bestätigung der Daten wichtig zu wissen, wie häufig Zweitbruten in den Kernländern sind, wo Braunkehlchen auch heute noch überwiegend im Flachland brüten. Es ist wahrscheinlich, daß sie dort wegen der längeren Brutsaison häufiger sind.

Um Wege zu finden, dem permanenten Rückgang der Art entgegenzuwirken, muß der minimale Bruterfolg bekannt sein, ab dem eine Braunkehlchenpopulation sich auch langfristig eigenständig halten kann. Erst dann können kritische Populationen sicher ermittelt werden, und es kann eine fundierte Erfolgskontrolle stattfinden. Diese ist als Bewertungshilfe durchgeführter Schutzmaßnahmen zwingend erforderlich.

5.1 Wieviele Nachkommen sollte jedes Paar hervorbringen?

Generell muß in einer langfristig stabilen Braunkehlchenpopulation jeder Brutvogel in seinem Leben mindestens einen Nachkommen hervorbringen, der selbst wieder Nachkommen produziert. Dynamik und Erfolg von Populationen sind jedoch nur dann zu beurteilen, wenn die Altersstruktur, das Geschlechterverhältnis, die Austauschrate zwischen Populationen sowie die Lebenserwartung und damit Mortalitätsrate von Jung- und Altvögeln bekannt ist.

Das Geschlechterverhältnis ist bei Braunkehlchen ausgeglichen (BEZZEL & STIEL 1977, PARKER 1990, SCHMIDT & HANTGE 1954) oder zu einem geringfügig, maximal 15 % höheren Männchenanteil hin verschoben (BASTIAN & BASTIAN unpubl., FEULNER 1995, LABHARDT 1988a). Diese Männchen bilden eine nicht brütende Populationsreserve, die durch eine erhöhte Mortalität der Weibchen in Folge ihrer erheblichen Brutinvestitionen entstehen kann. Ebenso ist es allerdings möglich, daß neben nichtbrütenden Männchen, die allein schon durch ihr Revierverhalten auffallen, auch ledige Weibchen vorkommen, die bisher aber übersehen wurden. Einjährige Brutvögel sind in stabilen Populationen geringfügig häufiger als mehrjährige Vögel, wobei der Unterschied bei Weibchen eventuell ausgeprägter ist (einjährige Weibchen: 62 %, einjährige Männchen: 55 %; BEZZEL & STIEL 1977). Mit einer Sterblichkeit von 60-70 % im ersten Jahr und einer Adultmortalität von 40-60 % beträgt die Lebenserwartung geschlüpfter Braunkehlchen etwa 1,5 Jahre, die von mindestens einjährigen Vögeln etwa 2,5 Jahre (BEZZEL & STIEL 1977, LABHARDT 1988a, SCHMIDT & HANTGE 1954). Das bisher bekannte Höchstalter freilebender Braunkehlchen beträgt acht Jahre (PARKER 1990), wenngleich schon sechs Jahre alte Tiere selten sind (GLUTZ 1967).

Auf der Basis von Struktur und Entwicklung mehrerer Braunkehlchenpopulationen kann mit aller Vorsicht abgeleitet werden, daß in stabilen Beständen auf 100 Altvögel mindestens 150 flügge Nestlinge kommen und jeder Brutvogel dieser Population in seinem Leben mindestens 1,2 reproduzierende Nachkommen hervorbringt. Kritisch ist es, wenn auf Wirtschaftswiesen bei geringer Reproduktionsrate die Altersverteilung zu Gunsten mehrjähriger Brutvögel verschoben ist. Wenn auch der Bruterfolg älterer Vögel höher ist als der Einjähriger (siehe Kap. 4.3.2), ist in diesen Populationen der Ausfliegeerfolg nicht selten reduziert, da nach dem Schlüpfen noch viele Jungvögel zum Beispiel durch die Wiesenmahd getötet werden. Es überleben dann zu wenige Jungvögel den ersten Winter, um die Ausfälle bei den Altvögeln im nächsten Jahr zu kompensieren. Die Bestandsdichte wird über Jahre hinweg absinken und die Altersstruktur der Population sich immer mehr zu Gunsten älterer Vögel verschieben, die wegen ihrer angeborenen

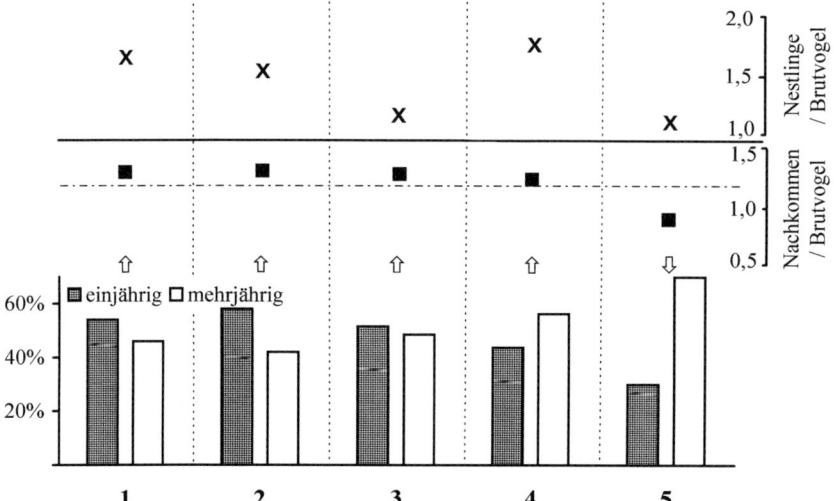

Abb. 5.1: Zusammensetzung und Fortpflanzungserfolg mehrerer Braunkehlchenpopulationen. Für eine stabile Vogelpopulation, muß, bei **jährlich** etwa 1,5 Nestlingen je Vogel (X), jeder Vogel **in seinem Leben** mindestens 1,2 fortpflanzungsfähige Nachkommen hervorbringen (■). Nicht überlebensfähige Populationen (⇩; 5) zeichnen sich als Folge zu geringer Reproduktionsraten und eines niedrigen Gesamtbruterfolges oft durch eine Überzahl älterer Vögel aus, in stabilen Populationen (⇧) ist das Verhältnis einjähriger zu mehrjähriger Vögel dagegen weitgehend ausgeglichen. 1: SCHMIDT & HANTGE 1954 (Heidelberg); 2: BEZZEL & STIEL 1977 (Bayerische Alpen); 3: LABHARDT 1988b (Les Mosses, Westschweiz); 4: FEULNER 1995 (Frankenwald); 5: LABHARDT 1988b (Les Moulins, Westschweiz)

Ortstreue wahrscheinlich auch an suboptimalen Lebensräumen lange festhalten. Ohne Zuwanderung aus anderen Populationen wird der Bestand schließlich erlöschen.

In einer westschweizer Population, die zu 70 % aus mehrjährigen Tieren bestand, kamen auf einen Altvogel nur 1,1 ausgeflogene Jungvögel (LABHARDT 1988a, b), und jeder Brutvogel brachte in seinem Leben nur 0,9 reproduzierende Nachkommen hervor (Abb. 5.1, Les Moulins). Diese Population kann aus eigener Kraft nicht bestehen, sondern ist auf Zuwanderung aus anderen Gebieten angewiesen. Das Bruthabitat war eine Mittelgebirgswiese, auf der intensiv Silagewirtschaft betrieben wurde. Auf einer nur 8 km entfernten Bergwiese flogen, bei einem Anteil von nur 48 % mehrjähriger Vögel, 1,2 Nestlinge je Brutvogel aus (LABHARDT 1988a, b) und jedes Tier brachte hier in seinem Leben durchschnittlich 1,3 reproduzierende Nachkommen hoch (Abb. 5.1, Les Mosses). Diese Population wird bei gleichbleibender Bewirtschaftung (Almwirtschaft mit Mahd ab Ende Juli) auch langfristig Bestand haben und benachbarte, defizitäre Mittelgebirgspopulationen (wie die Population bei Les Moulins) eventuell sogar noch stützen können.

5.2 Ein Umdenken in der Landwirtschaft ist gefordert

Die auf höchste Effizienz ausgerichtete moderne, technisierte und kostenintensive Landwirtschaft stützt sich auf leistungsfähige Geräte, einen intensiven Dünger- und Pestizideinsatz sowie eine großflächig einheitliche Bearbeitung des Bodens. Biotische und abiotische Habitatfaktoren werden dabei so verändert (Abb. 5.2), daß Braunkehlchen gezwungen werden, diese Bruthabitate dauerhaft aufzugeben.

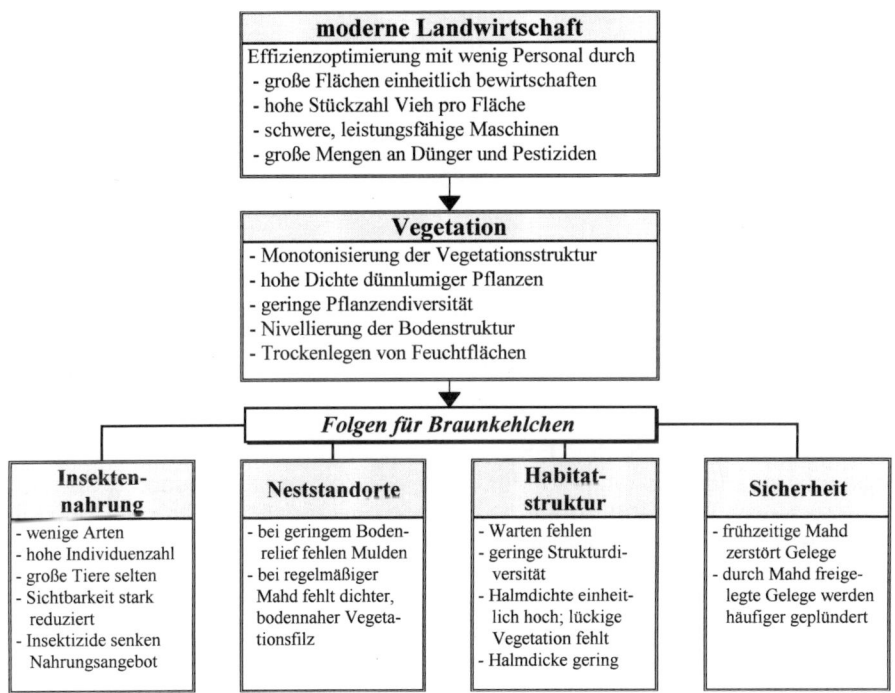

Abb. 5.2: Der Einfluß intensiver Wiesenbewirtschaftung auf die Vegetationsstruktur sowie die daraus abzuleitenden Folgen für die Umwelt der Braunkehlchen.

Walzen und andere **schwere Landmaschinen** nivellieren das Bodenprofil, wobei natürliche Mulden und Schlenken als potentielle Nistplätze verloren gehen. Hinzu kommt eine Verdichtung des Bodens, die verbunden ist mit einer Abnahme von Bodenporen und einem Verlust von Mikrohabitaten für Arthropoden. **Feuchtwiesendrainagen** verstärken den Effekt noch, so daß die Gesamtinsektenmenge und damit das Nahrungspotential für Braunkehlchen stark zurückgeht. Große **Dünger**mengen bewirken eine Monotonisierung von Art und Struktur der Wiesenvegetation. Die Biomasse ist wegen der hohen Halmdichte dünnlumiger Pflanzen auf diesen Flächen zwar höher als die extensiv bewirtschafteter Wiesen, Überständer und andere dicklumige Pflanzen, die als Sitz-, Sing- und Jagdwarte zwingend erforderlich sind, fehlen indes. Zudem bewirkt die hohe Halmdichte, daß Braunkehlchen ihre Beutetiere in der Vegetation schlecht sehen und erjagen können. Neben der verminderten Sichtbarkeit und Erreichbarkeit von Insekten kommt als Folge des massiven Dünger- und **Pestizid**einsatzes auch eine Veränderung im Artenspektrum hinzu. Während die Arthropodenzahl zwar eher höher ist als auf extensiv bewirtschafteten Wiesen, ist die Artenvielfalt erheblich reduziert. Insbesondere größere Arten fehlen, die aber ihrerseits bevorzugte Beutetiere von Braunkehlchen und anderen „sit-and-wait"-Jägern (Steinschmätzer, Neuntöter, Schwarzkehlchen) sind.

Nicht zuletzt beinhaltet die **frühe Heumahd** selbst eine Reihe von Gefährdungsfaktoren. Der regelmäßige Wiesenschnitt unterbindet die Bildung eines bodennahen Vegetationsfilzes, der den Vögeln häufig als Neststandort dient. Da der Wiesenschnitt genau in die Brutzeit von Braunkehlchen und anderen Wiesenbrütern (Bekassine *Gallinago gallinago*, Großer Brachvogel *Numenius arquata*, Wiesenpieper, Schafstelze, Kiebitz) fällt, gefährdet die Mai- und Junimahd Eier und Jungtiere direkt und legt zudem Nester für Plünderer frei. Bei einer extensiven Wiesenmahd bleiben oftmals einige Parzellen von der Mahd verschont, so daß flügge Jungvögel sich bei der Heuernte in diese „Vegetationsinseln" retten können.

Der Wandel in der Landnutzung besteht im Vergleich zu den 50er Jahren aber auch darin, daß die Heuernte heute erheblich schneller durchgeführt wird. Zog sie sich Mitte des Jahrhunderts noch über etwa acht Wochen hin, ist sie heute meist schon nach der Hälfte der Zeit abgeschlossen (PFEIFER & BRANDL 1991). Während früher die Chance bestand, daß Teile der Population rechtzeitig flügge wurden und damit unbehelligt blieben, ist nun meist die gesamte Population von der Mahd betroffen.

Mit den Geräten, die zur Jahrhundertwende verfügbar waren, mußten insbesondere nasse Bereiche unbewirtschaftet bleiben. Heute sind auch diese Flächen trockengelegt, drainiert, flurbereinigt, kultiviert und, ähnlich wie viele andere Wiesenlandschaften, zu einer maschinengerechten Kultursteppe entwertet. Unbehandelte Randstreifen, die vor 100 Jahren noch existierten, sind als Folge des wirtschaftlichen Zwanges heute zumeist flurbe-

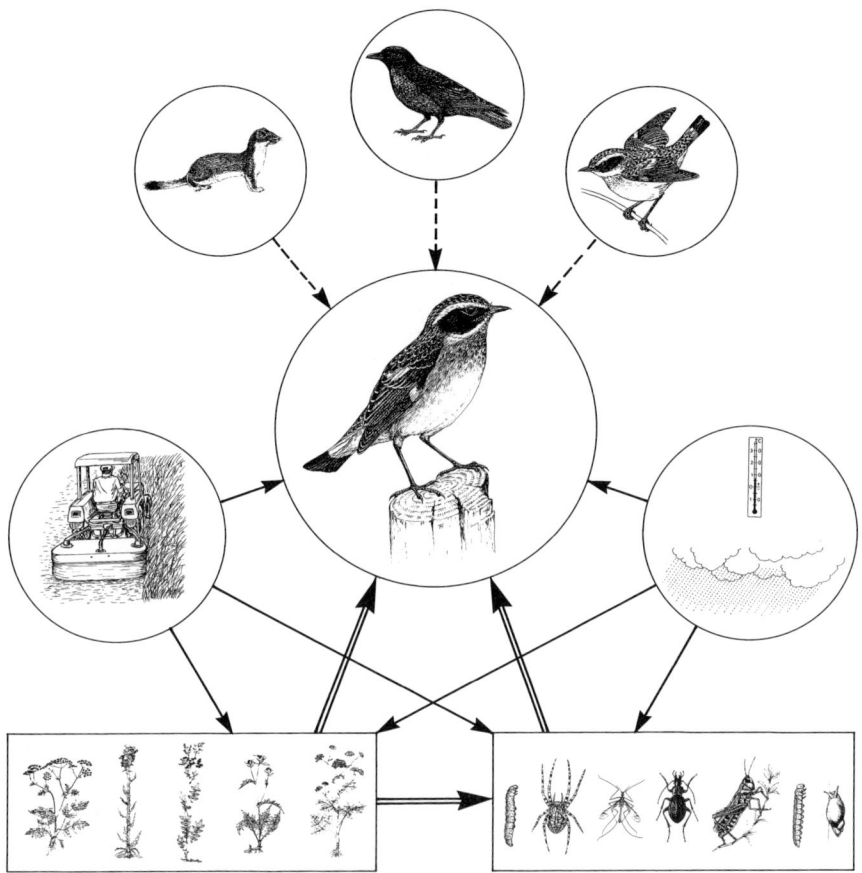

Abb. 5.3: Im Wirkungsgefüge einer Wiesenbiozönose stellen eine abwechslungs-reiche und mit Hochstauden durchsetzte Vegetation und eine davon abhängige Arthropodenwelt Basisfaktoren für die Existenz der Braunkehlchen dar. Bodenfeinde, Corviden, intraspezifische Konkurrenz, naßkalte Witterung und eine intensive Landwirtschaft wirken sich dagegen negativ auf den Erfolg einer Braunkehlchen-population aus. Von diesen Negativfaktoren sind die intensive Landwirtschaft und die naßkalte Witterung hervorzuheben. Diese Faktoren wirken nicht nur auf die Vogelpopulation direkt ein, sondern beeinflussen vor allem auch die beiden Basis-faktoren Vegetation und Nahrung, womit die Existenzgrundlage der Braunkehlchen massiv angegriffen wird. Zeichnung F. MÜLLER nach Skizzen der Autoren.

reinigt und in die intensive Landbearbeitung integriert. Die intensiv betriebe-
ne Landwirtschaft mit all den aufgezeigten Facetten stellt eine unmittelbare
Bedrohung der Brut- und Rasthabitate von Braunkehlchen und anderer
Wiesenbrüter dar.

Die Umstellung der Silagewirtschaft hin zu einer ökologisch vertretbaren
Wiesennutzung fordert von Landwirten ein radikales Umdenken mit einer
weitgehenden Einschränkung hochtechnisierter, chemisch gestützter und
staatlich subventionierter Verfahren. Auf der anderen Seite muß es aber
auch bedeuten, natürliche Strukturen vermehrt zu erhalten und ökologische
Gesetze zu nutzen. Es wäre naiv zu glauben, dieses Umdenken sei kurzfristig zu erreichen, zu groß sind dafür die vordergründigen Vorteile des modernen Landbaues. Hier heißt es, mittel- und langfristig ein Bewußtsein für
die komplexen ökologischen, ökonomischen und volkswirtschaftlichen Zusammenhänge (Abb. 5.3) zu wecken, und die Bereitschaft zu schaffen, den
Wert einer artenreichen Wiesenbiozönose anzuerkennen und sich selbst
als Teil dieses Konnexes zu sehen.

Um Braunkehlchen aber dennoch auch kurzfristig die Chance zu geben,
wieder in aufgegebene west- und mitteleuropäische Verbreitungslücken vor-
zustoßen, müssen andere, klassische Maßnahmen greifen (siehe Kap. 5.4).
Primär wichtig ist es aber, aus Fehlern der Vergangenheit zu lernen, daß sie
in den ost- und nordeuropäischen Ländern nicht wiederholt werden. Jedem
Land ist zu wünschen, seine Wirtschaft zu stabilisieren und die Armut in der
Bevölkerung zu besiegen, doch es muß gleichzeitig gewährleistet sein, daß
dieses Ziel nicht auf Kosten artenreicher Biozönosen und somit der mensch-
lichen Umwelt selbst erfüllt wird.

5.3   Mit viel Aufwand wenig erreicht

Die Feuchtwiesen- und Wiesenbrüterprogramme vieler Bundesländer sind
Maßnahmen, um den dramatischen Artenschwund auf diesen Habitaten zu
mindern, der überwiegend massiven Lebensraumverlusten folgt. So sank
die Zahl der Brutgebiete für Braunkehlchen in der Oberrheinebene in den
letzten 20 Jahren von 14 auf ein einziges Gebiet ab (BOSCHERT et al. 1995).

In Schleswig-Holstein, wo der Grünlandanteil in den letzten Jahrzehnten
in etwa konstant blieb, werden im Rahmen von Extensivierungsförderungen
auch Wiesenvogel-Verträge mit Landwirten abgeschlossen. Auf Flächen,
die noch hohe Wasserstände haben, wird angestrebt, durch Extensivierung
die frühere Artenvielfalt wieder herzustellen (ZIESEMER 1988). In Nordrhein-
Westfalen, dem Land mit der niedrigsten Braunkehlchendichte Deutschlands
überhaupt (Abb. 2.4), wurden mit staatlicher Hilfe geeignete Flächen erwor-

ben (Budget 1988-1992: 180 Mio DM, MATHIESSEN 1992) sowie andere Flächen speziellen Nutzungsplänen unterworfen. 1993 waren 27.707 ha Feuchtwiesen als Naturschutzgebiete ausgewiesen, die sich auf etwa 150 Flächen verteilen. Weitere ca. 4.000 ha Wiesen wurden im Rahmen eines Mittelgebirgsprogrammes unter Schutz gestellt. Beide Projekt haben neben anderem auch zum Ziel, die letzten Braunkehlchenpopulationen vor weiteren negativen Einflüssen zu bewahren (HÜBNER-MISIAK et al. 1994). Die Erfolge dieser mit großem finanziellen und verwaltungstechnischen Aufwand betriebenen Maßnahmen sind bisher jedoch höchstens von lokaler Bedeutung, überregional müssen sie insgesamt als dürftig bewertet werden. In Nordrhein-Westfalen gehen auch weiterhin die Bestände zurück, eine großräumige Erholung des Bestandes läßt auf sich warten. Es beweist, daß mit einer entscheidenden Verbesserung der Situation solange nicht zu rechnen ist, wie nicht mit aller Überzeugung, vor allem auch von Seiten der Landwirte, an die Umsetzung solcher Programme gegangen wird und die Extensivierung großer Agrarflächen vorangetrieben wird.

5.4 Nur spezielle Schutzprogramme haben Erfolg

Eher situativ entwickelte Hilfen, wie zum Beispiel ein grobmaschiges Metallgitter als Nestschutz (HELLMICH 1983), können höchsten punktuell von Bedeutung sein. Für die Arterhaltung tragen solche Maßnahmen nicht meßbar bei. Vielmehr sind großflächig angelegte Projekte mit konkreten Zielen gefordert, mit einem guten Projektmanagement sowie überschaubaren Maßnahmen. Braunkehlchen können nur über einen effizienten Habitatschutz geschützt werden, von dem dann allerdings auch zahlreiche weitere Organismen profitieren (unter den Vögeln: Weißstorch *Ciconia ciconia*, Uferschnepfe *Limosa limosa*, Rotschenkel *Tringa totanus*, Bekassine, Großer Brachvogel, etc.). Der an den Bedürfnissen des Braunkehlchens orientierte Biotopschutz wird zwangsläufig jedoch andere, oft ebenso schützenswerte Organismen zurückdrängen. Maßnahmen, die zum Schutz des Braunkehlchens beitragen, können deshalb mit anderen Naturschutzzielen kollidieren, so daß im Vorfeld Prioritäten eindeutig formuliert werden müssen. Ein extremes Beispiel: Die extensive Wiesenbewirtschaftung eines trockengelegten Moores kann sehr wohl geeignet sein, den Bestand einer Braunkehlchenpopulation zu fördern. Die Maßnahme widerspricht allerdings dem Ziel, Moore wiederzuvernässen und sie in ihren ursprünglichen Zustand zurückzuführen. Für Braunkehlchen sind intakte Hochmoore freilich von untergeordneter Bedeutung. Die Zielrichtung der Naturschutzmaßnahmen muß nach Abwägen lokaler und regionaler Gegebenheiten jeweils neu entschieden werden. Braunkehlchen werden von ihnen nur dann profitieren, wenn große Flächen für den Wiesenvogelschutz gesichert und die dafür notwendigen Maßnahmen konsequent umgesetzt werden.

Primäres Ziel muß es sein, zu verhindern, daß Grünländer in Äcker umgewandelt werden, doch auch ein totaler Verzicht auf Flächennutzung, 1993 wurden in Deutschland im Rahmen der EU-Agrarreform rund 8 % der landwirtschaftlichen Fläche (1,36 Mio ha) stillgelegt, wird als Hilfe für Vögel des offenen Kulturlandes langfristig gleichfalls fehlschlagen. So werden aller Voraussicht nach auf Stillegungsflächen in Schleswig-Holstein, Hamburg und Sachsen, wo die Brutdichten zur Zeit sogar zunehmen (BASTIAN & BASTIAN 1994), die Wiesenvogelbestände analog zum Verbuschungsgrad der Vegetation in einigen Jahren wieder rückläufig sein.

Nur wenn es gelingt, weiträumige Agrarflächen extensiv und kleinräumig zu bewirtschaften, besteht für Braunkehlchen eine reale Chance, verlorengegangene Areale wiederzugewinnen. Im Rahmen von Extensivierungsmaßnahmen dürfen schwere Maschinen, Dünger und Pestizide nicht oder nur sehr eingeschränkt zugelassen werden. Zudem gilt es, mindestens fünf Meter breite Randstreifen einzurichten, die nicht verbuschen, aber hochwachsende Stauden beinhalten sollten. Asphaltierte Feldwege zwischen Äckern und Wiesen sind zu entsiegeln. Die Mahd erfolgt frühestens Ende Juni und zieht sich über mehrere Wochen hin, so daß ausgeflogene Jungtiere auf ungemähte Flächen ausweichen können. Eine vergleichbare Vorgehensweise, mit unterschiedlichen, über die Brutzeit verteilten Mähterminen, wird auch zum Schutz des Wachtelkönigs (*Crex crex*) gefordert (SCHÄFFER & WEISSER 1996). Auch hier besteht die Idee darin, daß Flächen, die früh gemäht werden, als Rückzugsgebiete während der Mahd anderer Flächen zur Verfügung stehen. Solche renaturierten Extensivierungsflächen sollten in den zur Zeit ökologisch weitgehend entwerteten, für Braunkehlchen aber besonders wertvollen Niederungen entstehen. Für deren Erhalt ist es ferner wichtig, bestehende Populationen am Ort ihrer derzeitigen Brutplätze zu schützen, da selbst optimal gestaltete Ersatzlebensräume abseits bestehender Populationen nur sehr langsam neu besiedelt werden (OPPERMANN 1988).

Ein Beispiel eines erfolgreichen, speziell auf Braunkehlchen ausgerichteten Managementplanes ist das als Teil des Ökologieprogramms Baden-Württemberg entworfene „Artenschutzprogramm Braunkehlchen" (REBSTOCK & MAULBETSCH o.J.). Allein durch Verlegung des Mahdtermins nach dem 30. Juni und den teilweisen Verzicht auf Dünger wurden Wiesenflächen für Braunkehlchen soweit optimiert, daß der Brutbestand seit Beginn des Programms im Jahre 1988 kontinuierlich von 16 Paaren auf 38 Paare im Jahre 1994 anstieg (REBSTOCK & MAULBETSCH pers.Mitt.).

Vor unserer eigenen Haustür gilt es, die Basis zu legen für den Erhalt einer natürlichen, artenreichen Wiesenbiozönose. Projekte, die zum Ziel haben, nicht nur einzelne Arten zu fördern, sondern ganze Lebensgemeinschaften, brauchen die Akzeptanz und Unterstützung der breiten Öffentlichkeit, in unserem Fall jedoch insbesondere die der Landwirte. Dies ist oftmals nur zu erreichen, indem Projekte an Organismen gebunden werden können, die in der Bevölkerung bekannt sind. Wenn für einzelne Maßnahmen rationale, ökologische Gründe nicht mehr ausreichen, so helfen oftmals emotionale, am Schicksal bestimmter Vogelarten ausgemachte Argumentationen. So ist der Weißstorch dort, wo er Brutvogel ist, ein idealer Sympathieträger, der geholfen hat, bei Landwirten zum Teil auch sehr unpopuläre, aber notwendige Projekte durchzusetzen (z. B. Vernässung von Wiesen, Verlegung des Mahdtermins). Leider ist der Weißstorch selten und viele Flächen gehen auch deswegen verloren, weil in der Öffentlichkeit kein adäquater „Ersatz" herausgearbeitet wurde. Da es ausschließlich mit rationalen Gründen wohl schwierig sein wird, alle oben diskutierten Veränderungen in unserer Kulturlandschaften durchzusetzen, wäre es hilfreich, Vögel zu finden, mit deren Hilfe kritische Maßnahmen auch auf emotionalem Wege angesprochen werden könnten. Dies kann neben dem Weißstorch durchaus auch das Braunkehlchen sein, da es allein schon wegen der attraktiven Gefiederfärbung des Männchens ein idealer Sympathieträger wäre, die Biozönose „Wiese" zu repräsentieren. Wenn es mit seiner Hilfe gelingt, die Bevölkerung für den Schutz artenreicher Wiesen und Weiden vermehrt zu sensibilisieren und zu gewinnen, so ist viel erreicht, und das Aussterben dieser Lebensgemeinschaft, das sonst weitestgehend im Verborgenen vor sich gehen wird, kann dann an manchen Orten eventuell noch gestoppt werden.

Die Vision von L. Lorenz (1973), daß die zivilisierte Menschheit „in blinder und vandalischer Weise" die lebende Natur verwüstet und sich „mit ökologischem Ruin" bedroht, ist zum Teil Realität geworden, es bleibt uns aber die Hoffnung, daß es noch nicht zu spät ist, aus Fehlern zu lernen und den endgültigen Naturbankrott auf unseren Wiesen zu verhindern.

6 Literatur

ALMOND, W.E. (1956): Whinchat singing in winter-quarters. Brit. Birds 49, 138.

ANDERSSON, M. (1981): Central place foraging in the Whinchat, *Saxicola rubetra*. Ecology 62, 538-544.

ARONSON, R.B. & T.J. GIVNISH (1983): Optimal central-place foragers: A comparison with null hypotheses. Ecology 64, 395-399.

BAIRLEIN, F. (1981): Ökosystemanalyse der Rastplätze von Zugvögeln: Beschreibung und Deutung der Verteilungsmuster von ziehenden Kleinvögeln in verschiedenen Biotopen der Stationen des „Mettnau-Reit-Illmitz-Programmes". Ökol. Vögel 3, 7-137.

BAIRLEIN, F. (1985): Offene Fragen der Erforschung des Zuges paläarktischer Vogelarten in Afrika. Vogelwarte 33, 144-155.

BAIRLEIN, F. (1988): Zur Nahrungswahl der Gartengrasmücke *Sylvia borin*: ein Beitrag zur Bedeutung der Frugivorie bei omnivoren Singvögeln. Proc. Int. 100. DO-G Meeting, Current Topics Avian Biol. 103-110.

BARATTA, M.V. (Hg., 1994): Der Fischer Weltalmanach. Frankfurt a.M..

BARTHEL, P. (1992): Die Bestimmung östlicher Unterarten des Schwarzkehlchens *Saxicola torquata*. Limicola 6, 217-241.

BASTIAN, A. & H.-V. BASTIAN (1990): Rufe beringter Vögel nach dem Freilassen. J. Orn. 131, 361-369.

BASTIAN, A. & H.-V. BASTIAN (1994): Bestände und Bestandstrends des Braunkehlchens (*Saxicola rubetra*). Limicola 8, 242-270.

BASTIAN, A., H.-V. BASTIAN & H.-E. STERNBERG (1994): Ist das Nahrungsangebot für die Brutrevierwahl von Braunkehlchen *Saxicola rubetra* entscheidend? Vogelwelt 115, 103-114.

BASTIAN, H.-V. (1987): Zur Habitatwahl des Braunkehlchens (*Saxicola rubetra*) in einer südwestdeutschen Kulturlandschaft. Ökol. Vögel 9, 107-111.

BASTIAN, H.-V. (1989): Are corvids able to exterminate populations of Whinchats (*Saxicola rubetra*)? a computer-simulation. Vogelwelt 110, 150-156.

BASTIAN, H.-V. (1992): Breeding and natal dispersial of Whinchats *Saxicola rubetra*. Ring. & Migr. 13, 13-19.

BASTIAN, H.-V. (1993a): Die Brutvogelfauna einer Feuchtwiese im Haidenaabtal (Oberpfalz): Bedeutung, Gefährdungen, Schutzforderungen. Orn. Anz. 32, 23-36.

BASTIAN, H.-V. (1993b): Raubwürger-Paar (*Lanius excubitor*) beeinflußt Verteilung von Braunkehlchen-Revieren (*Saxicola rubetra*). J. Orn. 134, 196-199.

BASTIAN, H.-V. & A. Bastian (1993): Entwicklung der Körpermasse nestjunger Braunkehlchen (*Saxicola rubetra*). J. Orn. 134, 85-92.

BASTIAN, H.-V., A. BASTIAN, M. BOCCA & W. SUTER (im Druck): Whinchat – *Saxicola rubetra*. In: WORKING GROUP FOR EUROPEAN ATLAS (Eds.): Breeding bird atlas of Europe.

BASTIAN, H.-V., K. RUGE & D. VOIGT (1987): Das Braunkehlchen. Kornwestheim.

BAUER, S. & G. THIELCKE (1982): Gefährdete Brutvogelarten in der Bundesrepublik Deutschland und im Land Berlin: Bestandsentwicklung, Gefährdungsursachen und Schutzmaßnahmen. Vogelwarte 31, 183-391.

BERCK, K.-H. (1974): Untersuchungen zum Herbstvorkommen einiger Vogelarten in der Ackerlandschaft (Hessen). Luscinia 42, 97-107.

BERTHOLD, P., G. FLIEGE, G. HEINE, U. QUERNER & R. SCHLENKER (1991): Wegzug, Rastverhalten, Biometrie und Mauser von Kleinvögeln in Mitteleuropa. Vogelwarte 36, 1-221.

BERTHOLD, P., A. KAISER, U. QUERNER & R. SCHLENKER (1993): Analyse von Fangzahlen im Hinblick auf die Bestandsentwicklung nach 20jährigem Betrieb der Station Mettnau, Süddeutschland. J. Orn. 134, 283-299.

BEZZEL, E. & F. LECHNER (1980): Imitation des Gesanges vom Karmingimpel (*Carpodactus erythrinus*) durch Braunkehlchen (*Saxicola rubetra*). Gar. vogelkdl. Ber. 8, 54.

BEZZEL, E. & K. STIEL (1975): Zur Verbreitung und Ökologie des Braunkehlchens (*Saxicola rubetra*) am deutschen Nordalpenrand. Ardeola 21, 841-859.

BEZZEL, E. & K. STIEL (1977): Zur Biologie des Braunkehlchens *Saxicola rubetra* in den Bayerischen Alpen. Anz. Orn. Ges. Bayern 16, 1-9.

BIEBACH, H., W. FRIEDRICH & G. HEINE (1986): Interaction of bodymass, fat, foraging and stopover period in trans-sahara migrating passerine birds. Oecologia 69, 370-379.

BIEBACH, H. & M. KLAASSEN (1994): Is flight range limited by water or energy ? J. Orn. 135 (Sonderheft), 399.

BLAB, J. (1984): Grundlagen des Biotopschutzes für Tiere. Kilda-Verlag, Greven.

BÖLSCHER, B. (1988): Das Braunkehlchen als Teil der Grünland- und Hochmooravizönose in Niedersachsen – ein Beitrag zur Ökologie. Beih. Veröff. Naturschutz Landschaftspflege Bad.-Württ. 51, 53-67.

BOSCHERT, M., R. KOOP & D. PETER (1995): Großer Brachvogel (*Numenius arquata*), Bekassine (*Gallinago gallinago*) und Braunkehlchen (*Saxicola rubetra*) in Brutgebieten in der nordbadischen Oberrheinebene von 1970 bis 1995 – Bilanz einer 25jährigen Bestandserfassung. Orn. Jh. Bad. Württ. 11, 139-158.

BRANDL, R. & E. WALBERER (1982): Zur ornithologischen Bedeutung von Brachflächen. Anz. orn. Ges. Bayern 21, 21-41.

BRENSING, D. (1977): Nahrungsökologische Untersuchungen an Zugvögeln in einem südwestdeutschen Durchzugsgebiet während des Wegzuges. Vogelwarte 29, 44-56.

BUENO, J.M. (1991): Migracion e invernada de pequenos turdinos en la peninsula Iberica. II. Collalda Gris (*Oenanthe oenanthe*), Tarabilla nortena (*Saxicola rubetra*) y Tarabilla comun (*Saxicola torquata*). Ardeola 38, 117-129.

CALLION, J. (1993): In: GIDDONS, D. W., J. B. REED & R. A. CHAPMAN (Eds.): The new atlas of breeding birds in Britain and Ireland 1988-1991. London.

CASTELIJNS, H. & M.A. CAPELLO (1987): Winterwaarnemingen en Voorjaarstrek van Paapje (*Saxicola rubetra*), Roodborsttapuit (*Saxicola torquata rubicola*) en Tapuit (*Oenanthe oenanthe*) in Oost-Zeeuws-Vlanderen. Veldornithol. tijdschr. 10, 79-90.

CATUNEANU, I.I. (1965): Cuibaritul Maracinarului mic de lunca (*Saxicola rubetra rubetra* L.) in R.P.R. Comunicari de zoologie 9, 129-135.

CLANCEY, P.A. (1990): The generic status of the Buff-streaked Chat of southern Afrotropics. Gerfaut 80, 179-191.

CLARK, S.W. (1969): Whinchat Saxicola *rubetra*. In: BROWN, D.M.V.: New distributional data. Ostrich 40, 132.

COLLAR, N.J., M.J. CROSBY & A.J. STATTERSFIELD (1994): Birds to watch 2. The world list of threatened birds. Bird Life Conservation Studies 4. Cambridge.

CRAMP, S. (1988): *Saxicola rubetra* Whinchat. Handbook of the birds of Europe and the Middle East and North Africa, Vol. 5., 722-732. Oxford.

CURRY-LINDAHL, K. (1981). Bird migration in Africa. Vol. 2. London.

DEJAIFVE, P.-A. (1994): Écologie et comportement d'un migrateur paléarctique, le Traquet tarier, *Saxicola rubetra* (L.) au Zaïre et sa répartition hivernale en Afrique. Revue Ecol. (Terre et Vie) 49, 35-42.

DEMARET, P. (1969): Presence du Traquet tarier (*Saxicola rubetra*) et du Bruant des roseaux (*Emberiza schoeniclus*) dans les milieux humides de l'Ardenne Orientale. Aves 6, 173-179.

DRAULANS, D. & J.V.VESSEM (1982): Flock size and feeding behaviour of migrating Whinchats *Saxicola rubetra*. Ibis 124, 347-351

DUCKWORTH, J.W. (1994): Habitat selection by migrant Redstarts *Phoenicurus phoenicurus* and Whinchats *Saxicola rubetra* in lowland English farmland. Ring. & Migr. 15, 119-122.

DURANGO, S. (1952): Foglarna i färg. Stockholm.

ECCLES, L. (1967): Nest of Whinchat with twelve eggs. Brit. Birds 60, 169-170.

ERARD, C. & F. LARIGAUDERIE (1972): Observations sur la migration prenuptiale dans l'ouest de la Libye (Tripolitaine et plus particulierement Fezzan). L'Oiseau 42, 147-153.

ERNST, M. & H. SCHAUM (1983): Das Naturschutzgebiet „Kammereckswiesen von Langen" Kreis Offenbach. Vogel u. Umwelt 2, 343-349.

FEULNER, J. (1990): Zum Bestand des Braunkehlchens *Saxicola rubetra* in der „Bad Stebener Rodungsinsel" 1989. Anz. orn. Ges. Bayern 29, 29-36.

FEULNER, J. (1995): Zur Populationsökologie des Braunkehlchens (*Saxicola rubetra*) in der Teuschnitzaue, Landkreis Kronach. Zulassungsarbeit Univ. Bayreuth, 84 S.

FINLAYSON, J.C. (1981): Seasonal distribution, weights and fat of passerine migrants at Gibraltar. Ibis 123, 88-95.

FÖRSTER, D. & J. FEULNER (1993): Ausgewählte Vogelarten des Frankenwaldes als Zeigerarten für die Landschaftspflege. Artenschutzreport 3, 12-16.

FRANKEVOORT, W. & H. HUBATSCH (1966): Unsere Wiesenschmätzer. Aus dem Leben von Schwarz- und Braunkehlchen. Wittenberg Lutherstadt.

FULLER, R.J. & D.E. GLUE (1977): The breeding biology of the Stonechat and Whinchat. Bird study 24, 215-228.

GARLING, M. (1933): Zur Brutbiologie von *Saxicola rubetra rubetra* (L.). Beitr. Fortpflanzungsbiol. Vögel 9, 27.

GATTER, W. (1987): Vogelzug in Westafrika: Beobachtungen und Hypothesen zu Zugstrategien und Wanderrouten. Vogelzug in Liberia, Teil II. Vogelwarte, 80-92.

GEROUDET, P. (1957): Observations sur le Traquet tarier au val Ferret. Nos Oiseaux 24, 109-117.

GLUTZ V. BLOTZHEIM, U. (1967): Höchstalter schweizerischer Ringvögel, 2. Nachtrag. Orn. Beob. 64, 198-202.

GRÄNITZ, R. (1955): Zweitbrut beim Braunkehlchen, *Saxicola rubetra*. Beitr. Vogelkde. 4, 174-175.

GRAY, D.B. (1973): Breeding behaviour of whinchats. Bird study 21, 280-282.

GROEBBELS, F. (1950): Ein Beitrag zur Brutökologie und Brutbiologie des Braunkehlchens und Schwarzkehlchens. Orn. Abh. 5, 1-16.

HAFTORN, S. (1971): Norges fugler. Oslo, Bergen, Tromsö.

HARENBERG, B. (Hg., 1994): Harenberg Lexikon der Gegenwart. Fakten, Trends, Hintergründe, Atlas zur Lage in Deutschland. Dortmund.

HARTERT, E. (1910): Die Vögel der paläarktischen Fauna. Bd. I, Berlin.

HEERDE, H. (1983): Zweitbruten des Braunkehlchens (Saxicola rubetra). Beitr. Naturk. Wetterau 3, 171-172.

HELLMICH, J.(1983): Ein einfaches Hilfsmittel zum Schutz von Nestern des Braunkehlchens (Saxicola rubetra). Orn. Mitt. 11, 301-302.

HELLMICH, J. (1987): Zum Heimzug und Wegzug des Braunkehlchens (Saxicola rubetra) am Steinhuder Meer, Niedersachen. Beitr. Naturk. Niedersachsens 40, 303-308.

HERHAUS, F. (1988): Zum Vorkommen und Durchzug des Braunkehlchens (Saxicola rubetra L.) im Bergischen Land. Berichtsh. Arb. gem. Bergisch. Ornithol. 12, 23-28.

HENNING, H. (1967): Die Wirtsvögel des Kuckucks (Cuculus canorus L.) in der weiteren Umgebung Hamburgs. Abh. Verh. Naturwiss. Ver. Hamburg 11, 123-170.

HESS, A. (1914): Braunkehliger Wiesenschmätzer. Orn. Monatsschr. Dtsch. Ver. Schutze Vogelwelt 39, 239.

HEYDEMANN, B. (1980): Terrestrische Habitate und ihre Typisierung in Mitteleuropa. Natur u. Landschaft 55, 5-7.

HILDEN, O. & P. SAUROLA (1982): Speed of autumn migration of birds ringed in Finland. Orn. Fenn. 59, 140-143.

HÖLZINGER, J. & R. PRINZINGER (1987): Braunkehlchen – Saxicola rubetra (LINNÉ, 1758). In: HÖLZINGER, J. (Ed.): Avifauna Baden-Württembergs. Bd. 1.2, 1245-1250.

HOMEYER, A.v. (1865): Pranticola rubetra als Spottvogel. J. Orn. 13, 295.

HOPE, P.M. & G.E. PIPE (1961): Whinchat's nest surviving gras fire. Brit. Birds 54, 364.

HORSTKOTTE, E. (1962): Beiträge zum Brutverhalten des Braunkehlchens (Saxicola rubetra L.). Ber. Naturwiss. Ver. Bielefeld 16, 107-165.

HÜBNER-MISIAK, T., C. MICHELS, A. PARDEY, G. SCHULTE, K. TARA & S. THIMM (1994): Aktueller Stand der NRW-Naturschutzprogramme. LÖLF-Mitt. 1/94, 28-34.

HUDEC, K. (1957): Beitrag zur Verbreitung des Schwarz- und Braunkehlchens (Saxicola torquata, S. rubetra) in Mähren. Zoologicke listy 20, 197-214.

IMBECK, H. & T. MESMER (1975): Schwarzkehlchen und Braunkehlchen überwintern bei Basel. Orn. Beob. 72, 203-204.

JONES, P.J. (1983): The migration strategies of palaearctic passerines in West Africa. In: Migratory birds: problems and prospects in Africa. Rep. 14th Conf. ICBP, 9-21.

JONES, P.J. (1995): Migration strategies of palearctic passerines in Africa. Isr. J. Zool. 41, 393-406.

KALABER, L. (1971): Date asupra nidobiologiei „Maracinarului Mic" (Saxicola rubetra L.). Studii si comunicari 1971, 325-331.

KASPAREK, M. (1981): Die Mauser der Singvögel Europas. Lengede.

KIERDORF-TRAUT, G. (1975): Zum Vorkommen von Braunkehlchen (Saxicola rubetra) im Gsieser Tal. Monticola 4, 1-4.

KLOSE, S. (1995): Zugverhalten des Braunkehlchens. Abschlußbericht für „Jugend forscht", Detmold.

KOLBE, U. & J. NEUMANN (1988): Habitat und Siedlungsdichte des Braunkehlchens (*Saxicola rubetra*) in der Deutschen Demokratischen Republik. Beih. Veröff. Naturschutz Landschaftspflege Bad.-Württ. 51, 45-52.

KOLLIBAY, P.R. (1903): Beiträge zur Kenntnis der Vogelwelt Dalmatiens. Orn. Jbuch. 14, 22-45.

KUMMER, J. (1960): Zur Frage einer Zweitbrut beim Braunkehlchen (*Saxicola rubetra* L.). Beitr. Vogelk. 6, 436-437.

KUNZ, A. (1984): Das Brutvorkommen des Braunkehlchens (*Saxicola rubetra*) im Westerwald. Orn. Naturschutz Jber. Westerwald (Nassau) 5, 45-52.

KUNZ, A. (1988): Verbreitung und Bestandssituation des Braunkehlchens (*Saxicola rubetra*) in Rheinland-Pfalz. Beih.Veröff. Naturschutz Landschaftspflege Bad.-Württ. 51, 69-78.

KUPRIAN, A. (1979): Beobachtungen an einer Brutpopulation des Braunkehlchens (*Saxicola rubetra*) an der oberen Werbe. Vogelkd. Hefte Edertal 5, 5-18.

KUZ'MENKO, V.J. (1977): Pecularities of Whinchat and Stonechat ecology under conditions of drained areas of the middle Dnieper territory. Vestnik Zool., 4, 32-37.

LABHARDT, A. (1984): Biometrie des Braunkehlchens *Saxicola rubetra*: Variationen in den Flügelmaßen und im Körpergewicht zur Brutzeit. Orn. Beob. 81, 233-247.

LABHARDT, A. (1988a): Siedlungsstruktur von Braunkehlchen-Populationen auf zwei Höhenstufen der westschweizer Voralpen. Beih. Veröff. Naturschutz Landschaftspflege Bad.-Württ. 51, 139-158.

LABHARDT, A. (1988b): Zum Bruterfolg des Braunkehlchens (*Saxicola rubetra*) in Abhängigkeit von der Grünlandbewirtschaftung in den westschweizer Voralpen. Beih. Veröff. Naturschutz Landschaftspflege Bad.-Württ. 51, 159-178.

LABHARDT, A. (1988c): Zur Nahrung des Braunkehlchens (*Saxicola rubetra*) während der Jungenaufzucht. Beih. Veröff. Naturschutz Landschaftspflege Bad.-Württ. 51, 179-185.

LEDANT, J.-P. (1986): L'habitat du Traquet tarier dans le centre de la Cote d'Ivoire. Le Gerfaut 76, 139-145.

LEISLER, B., G. HEINE & K.-H. SIEBENROCK (1983): Einnischung und interspezifische Territorialität überwinternder Steinschmätzer (*Oenanthe isabellina, O. oenanthe, O. pleschanka*) in Kenia. J. Orn. 124, 393-413.

LENNERSTEDT, I. (1964): Nagra drag i Häckningsbiologin hos lövsangare, buskskvätta och sävsparv i mellersta Lappland. Fauna och Flora 59, 94-123.

LENNERSTEDT, I. (1973): Night rest during nestling period in four passerine species under subarctic summer conditions. Orn. Scand. 4, 17-23.

LÖHRL, H. (1987): Kleiner Vogel in großer Not. Naturschutz heute 19, 6-11.

LÖPPENTHIN, B. (1967): Dansk ynglefugle i fortid og nutid. Odense.

LORENZ, K. (1973): Die acht Todsünden der zivilisierten Menschheit. München.

LUNAU, C. (1936): Braunkehlchen als vollendeter Spötter. Orn. Monatsschrift 61, 192.

MARSH, R. I. (1983): Ringing Winchats on imber range. The Adjudant 13, 45-46.

MATHIESSEN, K. (1992): Feuchtwiesenschutzprogramm in Nordrhein-Westfalen – ein Modell partnerschaftlicher Vernunft. LÖLF-Mitt. 3/92, 10-11.

MAYAUD, N. (1989): Les oiseaux du nord-ouest de l'Afrique notes complementaires. Alauda 57, 10-16.

MEIER, W., H. V. D. HEYDE, J. GRIMME & E. SEEBAß (1973): Ergebnisse von Rasterkartenuntersuchungen für Braunkehlchen, Kiebitz, Heuschreckenschwirl und Bekassine im Kreise Lüchow-Dannenberg. Lüchow-Dannenb. orn. Jber. 4, 7-29.

MEINEKE, T. (1980): Heimzug des Braunkehlchens (Saxicola rubetra) und des Steinschmätzers (Oenanthe oenanthe) 1977 bei Herzberg am Harz. Beitr. Naturk. Niedersachsens 33, 140-145.

MOREAU, R. E. (1972): The palaearctic-african bird migration system. London.

MÜLLER, M. (1985): Reviere, Reviernutzung und Nahrungssuchverhalten des Braunkehlchens (Saxicola rubetra) in zwei Populationen der Waadländer Voralpen. Diplomarbeit der Universität Zürich, 78pp.

NAUMANN, J.F. (1820): Der braunkehlige Wiesenschmätzer, Pratincola rubetra (L.). In: Die Naturgeschichte unserer Vögel. Band 1, 106-114.

NICE, M. (1943): Studies in the life history of the Song Sparrow, II. Trans. Linn. Soc. New York 6, 1-328.

NICOLAI, J. (1976): Beobachtungen an einigen paläarktischen Wintergästen in Ost-Nigeria. Vogelwarte 28, 274-278.

NOLL-TOBLER, H. (1924): Vom braunkehligen Wiesenschmätzer. Pranticola r. rubetra (L). Orn. Beob. 22, 1-4.

OAG BODENSEE (1983): Die Vögel des Bodenseegebietes. Konstanz.

OGGIER, P.-A. (1983): Une courtilière, Gryllotalpa gryllotalpa, proie géante pour un Traquet tarier. Nos Oiseaux 37, 294.

OJANEN, M. (1968): Effect of a cold spell on birds in northern Finland in May 1968. Orn. Fenn. 56, 148-155.

OPPERMANN, R. (1988): Bestandssituation und Bestandsdynamik des Braunkehlchens im Bodenseegebiet. Beih. Veröff. Naturschutz Landschaftspflege Bad.-Württ. 51, 119-123.

OPPERMANN, R. (1990): Eignung verschiedener Vegetationstypen als Habitat für Wiesenbrüter – unter besonderer Berücksichtigung des Braunkehlchens (Saxicola rubetra). Diss. Univ. Freiburg i. Br., 203 S.

OPPERMANN, R. (1991/1992): Habitatpräferenzen verschiedener Vogelarten für Strukturtypen des Grünlandes. Naturschutzforum 5/6, 257-295.

OPPERMANN, R. (1992): Das Ressourcenangebot verschiedener Grünland-Gesellschaften und dessen Nutzung durch Brutvögel. Eine biozönotische Fallstudie zur Habitatnutzung des Braunkehlchens (Saxicola rubetra) in Südwestdeutschland. Phytocoenologia 21, 15-89.

PARKER, J.E. (1990): Zur Biologie und Ökologie einer Braunkehlchen-Population (Saxicola rubetra) im Salzburger Voralpengebiet (Österreich). Egretta 33, 64-76.

PERSSON, C., L. HANSSON & U. LUNDWALL (1981): Fenologi och sträckmönster för nagra tättingar i SV-Skåne. Del. 1. Fågelstudier 1, 4-27.

PETERS, J.L. (1964): Checklist of birds of the world. Vol X. Cambridge, Massachusetts.

PFEIFER, R. & R. BRANDL (1991): Der Einfluß des Wiesenmahdtermins auf die Vogelwelt. Orn. Anz. 30, 159-171.

PHILLIPS, J.S. (1970): Inter-specific competition in Stonechat and Whinchat. Bird Study 17, 320-324.

RANFTL, H. (1989): Lebensräume, Verbreitung und Bestandsentwicklung des Braunkehlchens in Bayern. Laufener Sem. Beitr. 3/89, 13-22.

REBSTOCK, H. & K.-E. MAULBETSCH (1988a): Beobachtungen am Braunkehlchen (*Saxicola rubetra*) in Balingen-Ostdorf. Beih. Veröff. Naturschutz Landschaftspflege Bad.-Württ. 51, 91-118.

REBSTOCK, H. & K.-E. MAULBETSCH (1988b): Einige Bemerkungen zum Balzverhalten des Braunkehlchens (*Saxicola rubetra*). Ökol. Vögel 10, 117-118.

REBSTOCK, H. & K.-E. MAULBETSCH (1993): Bemerkungen zur Jugendentwicklung des Braunkehlchens (*Saxicola rubetra*). Ökol. Vögel 15, 137-153.

REBSTOCK, H. & K.-E. MAULBETSCH (o.J.): Das Artenschutzprogramm „Braunkehlchen". Schrift des Landratsamtes Zollernalbkreis. 6p.

REMSEN, J.R., JR. & S.K. ROBINSON (1990): A classification scheme for foraging behaviour of birds in terrestrial habitats. Stud. Avian Biol. 13, 144-160.

RICHARD, A. (1936): Le Traquet tarier. Nos Oiseaux 13, 61-71.

RINGLEBEN, H. (1956): Einige vogelkundliche Früh- und Spätbeobachtungen in Niedersachsen. Beitr. Nat.kd. Nieders. 9, 12-15.

ROBERTSON, I.S. (1977): Identification and European status of eastern Stonechats. Brit. Birds 70, 237-245.

ROBERTSON, J.G.M., B. EKNERT & M. IHSE (1990): Habitat analysis from infra-red aerial photographs and the conservation of birds in swedish agricultural landscapes. Ambio 19, 195-203.

ROER, H. (1957): Tagschmetterlinge als Vorzugsnahrung einiger Singvögel. J. Orn. 98, 416-420.

ROGACEVA, E.V. (1992): The birds of central Siberia. Husum.

SACHER, G. (1993): Zu Vorkommen und Brutbiologie des Braunkehlchens, *Saxicola rubetra*, in Thüringer Schiefergebirge. Anz. Ver. Thüring. Ornithol. 2, 29-45.

SCHÄFFER, N. & W.W. WEISSER (1996): Modell für den Schutz des Wachtelkönigs *Crex crex*. J. Orn. 137, 53-75.

SCHMIDT, K. & E. HANTGE (1954): Studien an einer farbig beringten Population des Braunkehlchens (*Saxicola rubetra*). J. Orn. 95, 130-173.

SCHMIDT, K. (1972): Untersuchungen zur Nestlingsnahrung des Braunkehlchens *Saxicola rubetra*. Thür. ornithol. Rdbrief 19/20, 45-47.

SCHROETER, U. (1959): Winterbeobachtungen von Zilpzalp (*Phylloscopus collybita*) und Braunkehlchen (*Saxicola rubetra*) in Schleswig-Holstein. Orn. Mitt. 11, 19.

SCHUSTER, A. (1994): Habitat selection of three sit-and-wait predators. J. Orn. 135 (Sonderheft), 189.

SCHUSTER, W. (1904/05): Warum hat das Braunkehlchen (*Pranticola rubetra*) seine Nistweise noch nicht geändert ? Z. f. Ool. 14, 44-47, 58-60.

SCHWAGER, G. & H. R. GÜTTINGER (1984): Der Gesangsaufbau von Braunkehlchen (*Saxicola rubetra*) und Schwarzkehlchen (*S. torquata*) im Vergleich. J. Orn. 125, 261-278.

SIBLEY, C.G. & J.E. AHLQUIST (1990): Phylogeny and classification of birds. A study of molecular evolution. Yale Univ. Press, New Haven, Connecticut.

SMITH, S. (1990): Whinchats on Garn-Clochdy, Gwent. BTO news 168, 13.

SMITH, V.W. (1966): Autumn and spring weights of some palaearctic migrants in Central Nigeria. Ibis 108, 492-512.

SNOW, D.W. (1969): The moult of British thrushes and chats. Bird Study 16, 115-129.

STADLER, H. (1952): Stimmen der Balkanvögel IV. I. Die Stimmen der mittel- und südeuropäischen Steinschmätzer (Oenanthe, Saxicola). Larus 4-5, 149-184.

STEINFATT, O. (1937): Nestbeobachtungen beim Rotkehlchen (Erithacus r. rubecula), Braunkehlchen (Saxicola rubetra), Buchfink (Fringilla c. coelebs) und Hänfling (Carduelis c. cannabina). Verh. orn. Ges. Bay. 21, 139-154.

STERN, H., G. THIELCKE, F. VESTER & R. SCHREIBER (1978): Rettet die Vögel .... München, Berlin.

STÖBENER, W. (1977): Haltung und Zucht von Braunkehlchen. Gefiederte Welt 101, 102.

STOPPER, H. (1967): Braunkehlchen (Saxicola rubetra) im Winter bei Tübingen. Orn. Mitt. 19, 127.

STUDER, T. & V. FATIO (1913): Pranticola rubetra. Katalog der Schweizerischen Vögel. X. Lieferung: Saxicolinae, Motacillidae. Bern.

SUTER, W. (1988): Saxicola rubetra – Braunkehlchen. In: GLUTZ V. BLOTZHEIM, U. & K.M. BAUER (HGS.): Handbuch der Vögel Mitteleuropas. Bd.11/1: 392-446. Wiesbaden.

THALMANN, E. (1981): Braunkehlchen als Gesangsvirtuose. Vögel der Heimat 52, 18-19.

TUCKER, J.J. (1975): European Whinchats near Lusaka. Bull. Zambian Orn. Soc. 4, 29-30.

TYE, A. (1989): The systematic position of the Buff-streaked Chat (Oenanthe/Saxicola bifasciata). Bull. B.O.C. 109, 53-58.

UNFRICHT, W. (1969): Vom Braunkehlchen. Gefiederte Welt 93, 93-94.

UTTENDÖRFER, O. (1952): Neue Ergebnisse über die Ernährung der Greifvögel und Eulen. Stuttgart.

VERBEEK, N.A.M. (1967): Breeding biology and ecology of the Horned Lark in alpine tundra. Wilson Bull. 74, 208-218.

VERBEEK, N.A.M. (1988): Development of a stable body temperature and grow rates in nestlings of three ground nesting passerines in alpine tundra. J. Orn. 129, 449-456.

VOIGT, A. (1955): Exkursionsbuch zum Studium der Vogelstimmen. Heidelberg.

WANGELIN, J.v. (1893): Nest von Pranticola rubetra (Wiesenschmätzer). Orn. Monatsschrift 18, 264.

WALTER, H. (1979): Eleonora's falcon. Chicago, London.

WILCOCK, J. (1921): Male Whinchat mated to two females. Brit. Birds 14, 186-187.

WITHERBY, H.F., F.C.R. JOURDAIN, N.F. TICEHURST & B.W. TUCKER (1943): The handbook of British Birds. London.

WITTMANN, U. & M. WINK (1994): Molecular systematics of European Turdidae. Res. Notes on Avian Biology 1994: Selec. contrib. 21st Int. ornithol. Congr., 37.

WOLTERS, H.E. (1982): Die Vogelarten der Erde. Hamburg, Berlin.

ZAMORA, R. (1990): Nest-site selection of the Common Wheatear in high mountain areas of southeastern Spain. Wilson Bull. 102, 178-180.

ZIESEMER, F. (1988): Das Extensivierungsprogramm in Schleswig-Holstein unter besonderer Berücksichtigung der Wiesenvögel. Beih. Veröff. Naturschutz Landschaftspflege Bad.-Württ. 51, 187-193.

ZINK, G. (1973): Der Zug europäischer Singvögel. Ein Atlas der Wiederfunde beringter Vögel. 1. Lieferung, Radolfzell.

ZINK, G. (1980): The winter distribution of European passerines in Africa. Proc. IV. Pan-Afr. Orn. Congr., 209-213.

ZSCHIEGNER, W. (1977): Braunkehlchen – *Saxicola rubetra* (L.). Kulturbund der DDR, BFA Ornithologie Gera (Hg.): Ber. Avi. Bezirkes Gera, 26-28.

Register

Bauer, Hans-Günther/Berthold, Peter

Die Brutvögel Mitteleuropas - Bestand und Gefährdung

1996. 724 Seiten, 185 Diagramme, 55 Zeichnungen und zahlr. Tabellen, Gb, DM 89.-, ISBN 3-89104-587-5, Best.-Nr. 315-00938

Informationen über lokale und regionale Bestandsveränderungen bei den in Mitteleuropa brütenden Vögeln sind in der Literatur weit verstreut. Hier werden sie erstmals zusammengefaßt. Dabei bewerten die Autoren die Daten zugleich kritisch und diskutieren die Ursachen der Veränderungen.

Damit wird dem Leser ein wichtiges Instrument zur Beurteilung regionaler Bestandsentwicklungen in die Hand gegeben. Auf der Grundlage der detaillierten Aussagen des Buches ermöglicht es auch naturschutzpolitische Entscheidungen.

Daneben erlaubt es dem Vogelbeobachter, Veränderungen, die er in seinem eigenen Gebiet feststellt, zu erfassen und richtig zu bewerten.

Bezzel, Einhard

Kompendium der Vögel Mitteleuropas

Ein kompaktes und inhaltsreiches Nachschlagewerk für jeden, der sich für unsere Vogelwelt interessiert! Das Werk schließt von seiner Konzeption her eine Lücke zwischen den knappen Bestimmungsbüchern und den breiten Texten von Handbüchern und Artmonographien. Der Text faßt wichtige Informationen aus der weit verstreuten Literatur zusammen und ist in seiner Aufbereitung vornehmlich auf den Praktiker ausgerichtet. Ein ideales Nachschlagewerk für den Vogelbeobachter, den Natur- und Artenschützer, aber auch den Lehrer, Dozenten und Fachjournalisten. In den beiden Bänden des Werkes sind alle in Mitteleuropa vorkommenden Vogelarten in gestrafften Kapiteln abgehandelt.

Die Gliederung der einzelnen Artkapitel erfolgt nach den folgenden Gesichtspunkten: Status – Kennzeichen – Verbreitung – Biotop – Nahrung – Stimme – Verhalten – Fortpflanzung – Alter – Mauser – Literatur.

Band 1: Nonpasseriformes – Nichtsingvögel

1985. 800 S., 198 Zeichn., 127 Verbreitungskarten, 27 Tab., Gb, DM 118.-, ISBN 3-89104-424-0

Band 2: Passeres – Singvögel

1993. 772 S., 187 Zeichn., 143 zweifarbige Verbreitungskarten, 73 Tab., Gb, DM 128,-, ISBN 3-89104-530-1

Beide Bände zusammen: DM 198,-, Bestell-Nr. 315-00886

 AULA-Verlag GmbH, Postfach 1366, 65003 Wiesbaden

Eine Auswahl von Titeln aus der Reihe
Klassiker der Ornithologie

Thienemann, Johannes
Rossitten – Drei Jahrzehnte auf der Kurischen Nehrung

Nachdruck der 3. Aufl. 1930, 332 S., 157 Abb, 6 Karten, Gb, DM 64.-*, ISBN 3-89104-591-3, Best.-Nr. 315-00942

J.Thienemann war 30 Jahre lang Leiter der Vogelwarte Rossitten auf der Kurischen Nehrung in Ostpreußen. Über dieses Buch schreibt er in seinem Vorwort: „Was soll dieses Buch? Oder ich will lieber fragen: Was soll das Buch nicht? Es soll keine ausführliche Beschreibung der Kurischen Nehrung in geologischer und historischer oder ethnographischer Hinsicht geben. ... Das Buch soll vielmehr etwas von dem bringen, was ich in dreißig Jahren auf der Kurischen Nehrung selbst geschaut, selbst erlebt und selbst zu erforschen versucht habe,...".

Thienemann, Johannes
Vom Vogelzuge in Rossitten

Nachdruck der 1. Aufl. 1931, 174 S., 53 Abb., 3 Karten, Gb, DM 64.-*, ISBN 3-89104-592-1, Best.-Nr. 315-00943

In diesem Buch faßt Thienemann seine Beobachtungen und Versuche zusammen, durch die er in Rossitten über lange Jahre die Geheimnisse des Vogelzuges zu enträtseln versuchte. Die in diesem Buch niedergelegten Erkenntnisse boten die Grundlage für die moderne Erforschung des Vogelzuges und so stellt es ein wichtiges historisches Dokument in der Entwicklung dieses interessanten Wissenschaftszweiges dar.

> *** Mit Spende zur Rettung von Rossitten!**
> In diesem Preis enthalten ist bei jedem Expl. eine Spende von DM 5.-, die vom Verlag zur Unterstützung der Vogelwarte Rossitten (heute Rybachij), die wegen Geldmangel von der Schließung bedroht ist, weitergeleitet wird.

Stresemann, Erwin
Die Entwicklung der Ornithologie
von Aristoteles bis zur Gegenwart.

Nachdruck der 1. Aufl. 1951, 431 S. zahlreiche Abb., Gb, DM 64.-, ISBN 3-89104-588-3, Best.-Nr. 315-00939

Hier wird ein Überblick über die Entwicklung der Ornithologie als Wissenschaft von ihren Anfängen in der Antike bis zur Gegenwart gegeben. Das Buch zeigt die Verflechtungen mit anderen Wissenschaftszweigen auf und stellt die Personen und ihr Werk vor, die bedeutende Fortschritte in der Ornithologie erzielt haben, von Aristoteles über Gesner, Illiger, Schlegel und Brehm bis zu Konrad Lorenz.

 AULA-Verlag GmbH, Postfach 1366, 65003 Wiesbaden